AI 디지털 교육의 윤리적 실천

편저 우정길 이은배

공저 김형주 이영태 이지연 한석훈 한정윤

박영story

목 차

제1장 [서문]

AI 디지털 교육의 윤리적 실천
- 담론의 맥락과 의미에 관하여

우정길

제1장 [서문]
AI 디지털 교육의 윤리적 실천 - 담론의 맥락과 의미에 관하여

우정길

I. 도입 - 인간과 교육을 둘러싼 사회과학적 염려

본 저서는 2025년 2월 7일 경희대학교 교육대학원·교육발전연구원이 공동으로 개최한 포럼 "AI 디지털 시대의 윤리와 가이드라인"에서 발제되고 논의된 내용을 담고 있다. 교원의 양성과 재교육을 위해 운영되는 교육대학원의 취지에 부합하고자 포럼이 목적하였던 것은 다음 두 가지이다. 첫째, AI 디지털 시대에 교사의 양성과 재교육 과정에서 보수(保守)되어야 할 윤리적 토대와 울타리에 관한 기존의 논의를 확인하고 잠정적 합의의 가능성을 모색하는 것과, 둘째, AI 디지털 시대에 교단에 서게 될 교사들이 각자의 교육적 실천 속에서 준수해 나가야 할 교육윤리의 준거들을 탐색하여 제안하는 일이다.

이러한 취지를 담은 포럼을 기획하게 된 것은 넓게 보자면 AI 디지털 기술의 비약적 발전이 그 문명사적 배경이 되었다고 할 수 있다. 현재 우리는 전례 없는 속도로 진행되고 있는 기술의 발달을 목도하고 있다. 그리고 이러한 기술 진보의 현상은 근본적으로 환영할 만한 것이다. 아울러 이것은, 역사가 증명하듯이, 피할 수도 없고 막을 수도 없는 성격의 것임은 물론이며, 단순히 한 개인이나 집단이 눈을 감는다고 해서 이 거대한 흐름이 사라지는 것도 아니다.

그럼에도 불구하고 우리 사회의 모든 미래 기획을 휘감고 있는 이 거대한 담론이 인간과 교육, 그리고 인간교육을 위한 교사교육의 토대를 약화시키고 있는 것은 아닌가라는 모종의 염려가 우리 사회에 아주 없는 것은 아니다. 기실 근래 교육(학)계의 최대 화두는, 한국 교육사회의 구성원의 희망 여부와 무관하게, AI 디지털임이 분명하고, 그 여파는 당분간 지속될 전망이다. 동시에 위와 같은 염려는 교육학의 핵심 가치인 인간과 교육이라는 관점에서 보자면 매우 타당하다. AI 디지털은 인간에 의해 발명되어 급속한 진화를 거듭하고 있지만, 정작 자연으로서 인간 자신은 급발진에 가까운 이 진보의 와중에 모종의 소외를 경험하고 있기 때문이며, 이에 따라 인간교육 역시 이러한 지체현상의 일부가 될 수밖에 없기 때문이다. 그러므로 AI 디지털 문명의 흐름 속에 있는 인간과 교육 그리고 인간교육을 둘러싼 사회적 염려는 충분히 타당하다.

본 서문에서는 이러한 사회적 염려의 저변을 이루는 21세기 사회과학 담론의 두 가지 큰 흐름을 간략히 소개하고자 한다. 이것은 본 저서의 포괄적 계기인 AI 디지털 기술의 비약적 발전과 동시에, 혹은 그로 인하여 더욱 가속화하고 있는 사회과학계 내부의 담론의 흐름, 즉 탈인간중심주의 경향 및 교육의 잠식 현상에 관한 것이다.

II-1. 신물질론(New Materialism)과 교육학의 탈인간중심주의 경향

첫 번째 흐름은 이른바 물질적 전회(The Materialistic Turn)라고 불리는 사상적 흐름으로서, 신물질론[1)]으로 통칭되는 담론들의 집합이다. "전회"라는 표현이 시사하듯, 이것은 기존의 것과는 다른 종류의 철학적 · 문화적 운동이고, 그것의 핵심 주장은 물질성의 재발견이다. 그리고 물질성의 재발견이라는 구호의 기저에는 르네상스 이후 불문의 가치로 여겨져 온 인간중심주의에 대한 비판 및 전향의 압박이 전제되어 있다. 물질적 전회와 동일한 의미로 The Nonhuman Turn(비인간적/탈인간적 전회) 또는 The Posthumanist Turn(포스트휴먼적 전회) 등의 용어가 사용되고 있다는 사실(Snaza/Weaber, 2014: 1; Mukerji, 2015; Grusin, 2015; Bennett, 2010; 이준석 · 김연철, 2019)에서 물질적 전회의 성격은 더욱 분명해진다.

이른바 신물질론이라는 용어로 통칭되는 이들의 주장을 약술하자면

---

1) New Materialism이라는 용어는 신유물론, 신물질론, 신사물론(이동신, 2017; 2022: 23) 등의 한국어로 번역되고 있다. 현재 인문사회과학 전반에서 가장 광범위하게 채택되고 있는 용어는 "신유물론"이고, 교육학계에서는 "신유물론"(남미자, 2022; 엄수정 외, 2023; 문성재, 2024; 소경희, 2024)과 "신물질론"(박휴용, 2022; 곽영순, 2023; 손연주, 2023; 천호재, 2023)이라는 용어가 경쟁 중에 있다. 본 서문에서는 ① 최근 교육학계 관련 연구에 담긴 용어의 고민을 적극적으로 반영하고, ② 유물론(唯物論)이라는 단어 즉 '오직 물질'이 내포한 오해 가능성을 방지함과 동시에, ③ 인간과 물질의 공존, 공생, 공거(cohabitation)의 교육학적 의미를 탐색하려는 본고의 맥락에 부합하는 것으로 판단된다는 이유에서 "신물질론"이라는 용어를 채택하여 사용하고자 한다.

다음과 같다. 첫째, 기존의 '특정 인간', 즉 유럽 · 백인 · 남성을 중심으로 기하학적으로 표준화된 휴머니즘(huMANism)으로부터 탈피하여야 한다(Braidotti, 2013: 16f). 둘째, '인간'중심주의와도 근본적으로 결별함과 동시에 그동안 담론의 주변부로 밀려나 있던 물질의 의의를 긍정적으로 재고할 필요가 있다. 전자의 주장은 이미 지난 세기말 포스트모더니즘 담론을 통해 일정 부분 교정이 이루어져 온 반면, 후자의 주장은 새롭고 근본적이다.

후자, 즉 신물질론의 다양한 이론들이 공통적으로 주장하는 바에 따르면, 의식/몸, 주체/객체, 인간/비인간(nonhuman), 문화/자연 등의 허상적 이분법의 경계는 무너져야 하며, 나아가 우리는 인간을 포함하여 존재하는 모든 것들(things)과 물질들(materials) 사이의 공존과 공생을 존중함과 동시에 이들 사이의 역동적 관계성의 생기적 에너지에 주목하여야 한다고 한다. 물질적 전회를 강조하는 신물질론은 그동안 인간만을 위한 인간중심의 기획이 야기한 지구생태적 파괴를 야기하여 왔다는 불편한 진실을 상기시키고 성찰의 계기를 제공하였다는 점에서, 그리고 모든 비인간 존재자의 존재성과 행위성에 대한 진지한 성찰을 추동하였다는 점에서, 그리고 인간과 비인간의 공존 · 공생 · 공거를 향한 진지한 논의의 장을 열었다는 점에서 그 기여가 긍정적으로 평가될 필요가 있다. 현대 교육학도 이러한 필요에 적극 부응하면서 교육학 이론 속으로 신물질론의 논의들을 수용하고 있다([그림 I-1]참조). 그리고 필자가 분류 · 분석한 바에 따르면 이러한 적극적 수용의 이유는 아래 여섯 가지로 정리될 수 있다.

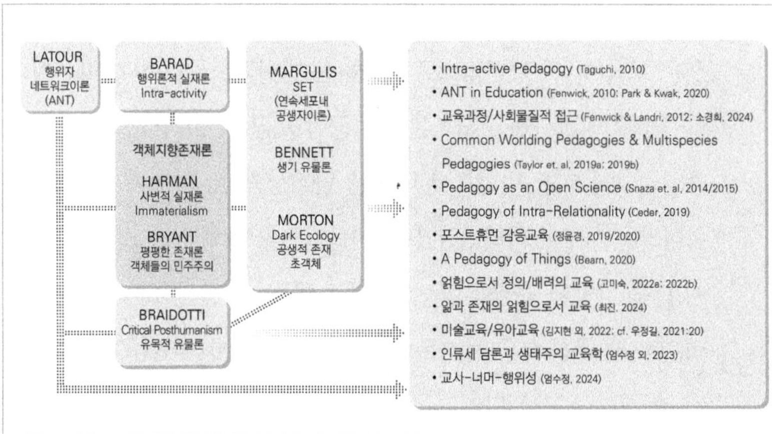

[그림 I-1] 신물질론의 교육학적 수용의 사례 (우정길, 2025)

- **AI-Digitality의 교육 일상화:** AI와 디지털의 문명이 교육 현장에 구체적으로 도입되고 있는 상황은 교육이 기존의 교사중심성과 인간중심성으로부터 탈피할 필요가 있다는 공감대를 촉진하고 있다.
- **지구생태 위기와 생명존중:** "(특정)인간중심주의에서 생명중심주의로"라는 신물질론의 지향점이 지구적 생태 위기와 맞물리면서 근본적으로 생명을 중시하는 교육학의 지향점과 조우하게 되었기 때문이다. 신물질론의 교육학적 수용에서 두드러지는 공존·공생·공거의 생태주의 논의들이 그 증거이다.
- **주객이원론의 대안 제공:** 신물질론은 인간과 인간 사이의 사안으로만 교육을 이해해 온 전통적 교육학의 틀을 인간과 비인간 존재자 사이의 문제로까지 확장시킴으로써 주객이원론의 난제가 해소될 수 있는 가능성을 제공하였다는 것이 교육학적 수용의 한 가지 사유이다.
- **개방성·포용성·민주성:** "비인간 행위론, 평평한 존재론, 내적-관계

성" 등으로 특징지워지는 신물질론이 표방하는 개방성, 포용성, 민주성은 교육(학)이 일반적으로 지향하는 방향과도 일치하기 때문이다.

- **탈-중심주의**(de-centrism) **논의의 공간 제공**: 전통적 교육학의 이성중심주의에 대한 반발로서 나타난 탈이성중심주의가 포스트모더니즘이라는 사조로 나타났었다면, 신물질론을 통해서는 교육학 이론에서 더욱 다양한 양상의 탈중심주의 논의들, 즉 탈인지주의, 탈주지주의, 탈자아중심주의, 탈자문화중심주의 등이 이루어질 공간이 확보될 수 있기 때문이다.
- **관계중심 교육이론의 계기 제공**: 탈주체 · 탈자아 경향의 반대급부로서 교육학이 주목해 온 관계중심성이 신물질론의 수용을 통하여 보다 진지하게 논의될 수 있게 되었기 때문이다. 관계중심성 논의가 현대 교육학에서 전무하였던 것은 아니지만(Lippitz/Woo, 2008; Woo, 2012a; 2012b), 신물질론이 표방하는 "비인간 행위론, 내적-행위론, 평평한 존재론, 내적-관계성, 횡단적 관계성" 등의 계기들은 현대 교육학이 해결하기 어려웠던 자아중심성과 교사중심성을 넘어설 수 있는 이론적 틀을 제공할 가능성이 있기 때문이다.

위 여섯 가지 이유에서 지난 10여 년 동안 활발히 진행되어 온 일련의 신물질론 담론의 교육학적 수용은 "탈인간중심적 교육이론의 탐색"이라고 요약될 수 있다. 그런데 문제는 이러한 "탈인간중심성"이 교육학의 근본 구도와 어떻게 병립 가능한가에 있다. 교육학은 본질적으로 인간의, 인간에 의한 활동에 관한 것이기 때문이다. 그리고 교육학은, 비록 이것이 인간만을 위한 기획은 아니라 하더라도, 인간주도적 기획인 것만은 분명하다. 그리고 이 기획이 인간주도성의 범주를 벗어나게 되는 경우, 어쩌면 이것은 교육과는 다른 명명의 활동이 되고, 이로써 교육학이라는 테두리 밖의 사안이 되어버린다. 그러므로 "탈인간중심적 교육"이라는 표현은, 그것이 함의하는 생명 · 생태중심성의 명분을 감안한다 하더라도, 모순을 내포한다.

그리고 바로 이 지점에 교육(학)자들의 고민이 있다. 교육(학)자가 설계하고 수행하며 책임지는 교육의 과업을 교육자 · 교사가 아닌 다른 행위자에게 양도하는 것이 가능한가? 신물질론이 주장하듯이, 인간이 아닌 비인간 행위자들, 즉 현재 존재하는 그리고 미래에 존재하게 될 모든 것들(things)의 행위성을 인정한다는 일, 그리고 이들의 행위성에 교육적 속성을 부여하는 일은 과연 타당한가? 때로 우리는 우리가 맺거나 혹은 우리가 이미 그 속의 일부가 되어 있는 '관계'가 사람을 기르고 인간의 인격을 성숙시킨다고 말한다. 그리고 이 관계의 대상에 우리는 인간뿐 아니라 자연 그리고 심지어 신적 존재를 포함하여 생각하기도 한다. 그러나 만약 이 관계의 대상이 무한대로 확장된다면, 즉 우주에 존재하는 모든 것(things)과의 관계 혹은 모든 것들 사이의 관계가 곧 교육이라고 규정하게 된다면, 교육을 기획하고 교육에 대하여 논의할 토대를 상실하게 되는 것은 아닐까? 이 경우 교육(학)은 어쩌면 뱃사공 없는 배처럼, 행위자 없는 행위처럼, 표류하게 되는 것은 아닐까?

물론 이러한 고민이 비단 교육학만의 것은 아닌 것 같다. 행위주체성 부여의 대상을 무한대로 확장하려는 신물질론의 시도에 대하여 우려를 표하는 목소리들이 신물질론 진영 내부로부터도 드물지 않게 들려 오고 있다. 그 예로, 사회과학의 기획에서 탈인간중심성이 과연 가능한가라는 질문에 대하여, “신인간중심주의 기획”을 제안하는 해밀턴의 경우 “[우리 인간은] 증폭된 책임감을 가지고, 새로운 그리고 겸허한 인간중심주의를 지향하여야 한다”(Hamilton, 2017/정서진, 2018: 19)라는 타협적 대답을 제시한 바 있고, “공생적 존재론”을 주장하였던 모튼 역시 “인간인 우리가 비인간을 권리의 언어에 담으려면, 비인간을 우리가 쓰는 인간의 우산 아래로 데리고 들어올 수밖에 없다”(Morton, 2018/김태한, 2023: 142)라고 말하며 신물질론적 접근의 한계를 인정한 바 있다.

국내 학자들 역시 이러한 성찰에 가세하고 있다. 이광석은 탈인간중심주의 담론이 범람하는 와중에 “인간중심의 범연대 생태정치학”의 필요를 역설하면서, 라디칼한 탈인간중심성이 아닌 “인간 종의 ‘돌출된’ 능력을 인정하는 가운데 다른 종과 사물과의 연대를 통해 인류세 위기를 벗어나기 위한 생태정치 기획이 필요하다”(이광석, 2021: 335)는 견해를 피력한 바 있고, 소경희 역시 물질성 일변도의 신물질론적 사유로부터 거리를 두면서 “사회-물질적 접근”이라는 보정된 사유를 소개하였다. 즉 “인간과 비-인간의 관계망에서 인간 행위자가 취할 수 있는 특정 책임을 좀 더 적극적으로 탐색할 필요가 있다”(소경희, 2024)는 것이다. 적어도 교육학이 직면한 상황에 국한해서 보자면, “전통적 휴머니즘도 안티-휴머니즘도 임무를 다하기에 적절하지 않아 보인다”(Braidotti, 2013: 29)라는 진단이 적확해 보인다. 이런 맥락에서 “최대한 탈인간중심주의적으로, 그러나 최대한 책임적으로”(진태원, 2023)라는 진태원의 대안은 신물질론을 마주한 현대 교육학이 취할 수 있는 최선의 선택지로 보인다.

그러나 탈인간중심성의 사회과학적 경향성으로부터 교육학은 분명 전적으로 자유롭지는 못하다. AI 기술이 더욱 번창하여 일반화 · 일상화

될수록 교육의 전통적 주체인 인간의 역할과 권위와 책무성은 약화되거나 혹은 적어도 약화되어야 한다는 기술공학적 압박에 놓이게 될 것이다. 트랜스휴먼·포스트휴먼이라는 새로운 개념의 종이 인문사회과학의 다양한 담론에서 등장함에 따라 인간이라는 개념마저도 그 경계가 모호해져 가는 시대에, 교육학 이론이 탈인간중심성의 방향으로 나아가야 한다는 주장은 오히려 자연스러워 보일 수도 있다. 그러나 그럴수록 아직은 인간인 우리들에게, 그리고 여전히 인간의 교육을 고민하는 인간교사들에게 라디칼한 탈인간중심성을 요구하는 것은 지체현상을 야기하는 요인으로 작용할 것만은 분명하다.

II-2. **향상**(Enhancement) **담론과 교육의 잠식**

1999년 독일의 철학자 슬로터다이크(P. Slodterdijk)는 독일 남부 엘마우 성에서 "인간 농장을 위한 규칙 – 하이데거 휴머니즘에 대한 비평"이라는 제목의 강연을 한 바 있다. 이 강연의 대부분은 하이데거의 휴머니즘에 대한 혹독한 비평에 할애되었지만, 강연의 말미에 간략히 언급된 몇몇 문장은 사회적 파장의 촉매가 되었다. "장기적 발전이 인간 종특성의 유전적 개량으로도 이어지게 될 것인가? 그리고 미래의 인간공학이 명시적 형질설계를 가속화하게 될 것인가? 인류가 종 전체에 걸쳐 탄생운명론으로부터 선택적 출생과 출생 전 선택으로의 방향 전환을 실행하게 될 것인가?"(Slodterdijk, 1999: 45-47)

이 강연의 현장에 있었던 독일 유력 일간지 기자들은 슬로터다이크의 이 문제적 문장들을 일제히 보도하였다. 그들은 "유전적 개량, 인간공학,

선택적 출생, 출생 전 선택" 등의 단어들을 "슬로터다이크 – 초인의 사육자, 짜라투스트라-판타지, 파시스트적 공포"라는 표제하에 기사를 출간하였고, 이로써 독일의 지성계는 사회적 논쟁에 휩싸이게 되었다. 우생학적 인종주의가 야기한 인류의 비극에 대해 대단히 민감한 독일의 지성계와 시민사회였기에, 이것은 "슬로터다이크 논쟁"(Nennen, 2003)이라는 별도의 이름이 붙여진 사회적 화두가 되었다. 이에 대해 슬로터다이크 본인은 "나는 단지 질문만 하였을 뿐이다"라며 이 논쟁의 의미를 애써 축소함과 동시에, 이 논쟁의 배후에는 "선동 저널리즘"을 부추긴 하버마스가 있을 것이고, 그러므로 이제 "하버마스의 비판이론은 종언을 고하였다"라는 주장을 내어놓기도 하였다. 물론 하버마스는 슬로터다이크의 음모론을 부정하는 반박 기사를 게재하고, 이후에 이 논제에 관한 자신의 견해를 정리하여 『인간이라는 자연의 미래』(Habermas, 2001/장은주, 2003)라는 제목의 도서로 출간하였다.[2)]

이 모든 논란의 와중에 우리가 교육과 관련하여 주목해야 할 대목은 교육에 대한 슬로터다이크의 다음과 같은 선언이다. "학교모델과 교육모델로서 근대 휴머니즘의 시대는 종언을 고하였다. [모든 휴머니즘의 서고는] 죽은 문화의 지하실이며, 이 서고의 전문 관리인들은 서고를 유지할 의지도 이유도 없다. 아직 서고를 뒤지고 있는 소수의 사람들이 발견하고자 하는 것은 철 지난 휴머니즘과 교육"이다. 이 강연의 맥락을 고려해 볼 때, 종말을 맞았다고 슬로터다이크가 지목한 휴머니즘은 하이데거의 휴머니즘이다. 그러나 하이데거의 휴머니즘 역시 전통적 휴머니즘들에 대한 종언적 진단을 담고 있기에(우정길, 2019: 168), 슬로터다이크의

2) 이에 관한 보다 상세한 보고는 앞서 언급한 Nennen(2003)을 참조 바람.

진단은 사실상 기존에 존재하였던 모든 휴머니즘에 대한 종언적 진단이라 할 수 있다.

그렇다면 이제 이런 질문이 생겨난다. 모든 휴머니즘이 종언을 고한 자리에 남는 것은 무엇인가? 그리고 이 질문은 교육에 관한 질문으로도 연결된다. 교육 역시 종언을 고하였다면, 지금 우리가 교육의 이름으로 하는 이 사회적 행위들은 무엇이며, 아울러 교육의 미래는 어떻게 될 것인가? 슬로터다이크가 염두에 둔 것은 바로 포스트휴머니즘과 향상(enhancement) 담론이다. 즉 그는 수명을 다한 휴머니즘은 포스트휴머니즘으로 대체되어야 하고, 이와 아울러 교육은 향상으로 대체되어야 한다고 주장한 것이다.

그렇다면 향상이란 무엇인가? 일반적으로 향상은 NBIC(Nano-, Bio-, Information Technology & Cognitive Science)를 이용하여 인간(種)의 신체적, 인지적, 정서적, 사회적, 도덕적 능력을 업그레이드하는 일체의 기제와 활동을 의미한다. 슬로터다이크의 강연에서도 향상 담론과 궤를 같이 하는 용어들이 여러 차례 등장한 것을 확인할 수 있다. 예를 들면 "유전학적 인간 사육의 정치, 윤리학과 유전학의 절묘한 결합, 선택과 도태, 대(大)사육자와 소(小)사육자 사이의 투쟁, 인간의 친구와 초인의 친구, 진화론적 지평"(Slodterdijk, 1999: 39f) 등이 그것이다.[3)]

슬로터다이크가 우생학 논쟁을 촉발하고 부채질하였던 바로 그 시기에 향상 담론은 자유주의 우생학[4)]과 트랜스휴머니즘·포스트휴먼-이즘

---

3) 슬로터다이크는 그로부터 10년 후에 출간한 저서 *Du musst dein Leben ändern* (*You have to change your life*)에서 "인간공학적 전환(Anthropotechnic turn), 면역학적 인간(Homo immunologicus)"이라는 용어를 동원하여 향상론에 대한 자신의 지지를 재확인해 주었다(Slodterdijk, 2009).

4) 뉴질랜드 철학자 니콜라스 아가(N. Agar)가 "Liberal Eugenics"(1998)라는 제

(Callus & Herbrecheter, 2013)[5)]의 날개를 달고 일종의 학술적 · 문화적 트렌드를 형성하였다. 누구나 한 번쯤 꿈꾸었을 법한 인간상, 즉 개량된 능력의 신체, 노화하지 않는 몸, 교체가 가능한 신체 기관, AI를 능가하는 학습 능력이 구현된 뇌 등으로 구성된 구체적 포스트휴먼상(像)이 제시된 것도 바로 이 시기였다.[6)] 이러한 테크노 낙관주의는 일종의 문화정치적 구호가 되어 지속적으로 대중의 욕망을 자극하였다. "[유전형질의] 의도적 디자인을 통해 우리는 더 강해질 수 있고, 더 건강해 질 수 있고,

---

목의 논문을 통해 제안한 것으로, 국가가 주도하였던 고전적 우생학과는 달리, NBIC공학을 이용한 인간 향상 수단의 적용과 수혜를 각 개인의 선택과 책임의 영역에 두자는 제안을 담고 있다.

5) 흔히 포스트휴머니즘이라고 표기되는 담론을 "휴머니즘-이후"라는 의미의 "포스트-휴머니즘"과 포스트휴먼에 관한 담론이라는 의미의 "포스트휴먼-이즘"으로 구분하여 고찰할 필요가 있다는 제안. 이에 따르면 본 서문의 전반부인 "신물질론(New Materialism)과 교육학의 탈인간중심주의 경향"은 포스트-휴머니즘 담론에 속하고, 향상 담론에서 다루는 포스트휴먼에 관한 논의는 후자인 "포스트휴먼-이즘"에 속한다. "포스트휴먼-이즘"은 트랜스휴머니즘과 동일한 의미로 이해되어도 무방하다.

6) 그 사례는 바로 "Primo"라는 이름의 포스트휴먼이다. 이것은 기술지향적 · 기능중심적 향상이 추구하는 포스트휴먼의 예시로서, 제안자의 설계에 따르면 구체적으로 다음과 같은 기능을 갖추고 있다. "뇌에는 나노테크 데이터 저장 시스템, 가청주파수 확장 장치, 네트워크 소나센서를 이용한 맵데이터 투영 장치, 데이터의 즉석 중계와 피드백이 가능한 오류 교정 장치 등이 장착되어 있다. 가슴에는 심장활동 감지 모니터가 내장되어 있고 모든 내장기관은 교체가 가능하도록 고안되어 있다. 아울러 상체에는 체내 네비게이션 그리드가, 그리고 척추는 비보-파이버옵틱으로 명명된 커뮤니케이션 장치가 장착되어 있으며, 신체 곳곳의 바이오 센서가 신체 외부를 향한 상황적 긴장도를 조절해 준다. 피부는 태양광으로부터 보호 되도록 설계되어 있으며, 피부의 색상과 질감 역시 선택 가능하다. 다리에는 터보엔진이 장착되어 있을 뿐 아니라 유연성 역시 강화되어 있다. 무엇보다도 특징적인 점은, 이 모든 기능적 장치들이 교체와 업그레이드가 가능하다는 사실이다"(Vita-More, 2005: http://www.medienkunstnetz.de/works/primo-posthuman 2025.02.24. 검색).

더 행복해 질 수 있고, 더 똑똑해질 수 있습니다. 우리는 더욱 사랑스러워질 수 있고, 더 효능적일수 있으며, 더 공감적일 수 있고, 더 정력적일 수 있습니다."(Max More; Fitzsimons, 2007: 10에서 인용) 그리고 이러한 구호들은 이른바 효과적 가속주의[7]라는 이름의 문화정치적 연대를 이루어 현재도 질주 중이다. 이 질주의 중요한 톱니바퀴가 바로 향상 담론이다. 향상 담론은 테크노 낙관주의와 효과적 가속주의의 사회적 캠페인의 일종으로서, 인간의 개선과 세계의 진보를 위한 기술공학적 방법의 개인적·사회적 도입과 적용을 적극 지지한다.

교육학적 관점에서 우려를 자아내는 지점은 바로 이것이다. 즉 향상 담론을 강조하고 그것의 사회적 실현과 제도화를 주장할수록 교육의 잠식이 직간접적으로 야기된다는 점이다. 향상과 교육이 필연적으로 제로섬의 관계에 있어야 하는 것은 아니지만, 향상론자들의 논의 속에서 교육은 언제나 향상으로의 편입 및 점진적 소멸의 대상으로 묘사된다. 향상 담론 속에서 교육의 잠식 현상이 어떻게 나타나고 있는지를 다섯

7) Effective accelerationism. "e/acc"라는 약자로 표기되기도 하는 효과적 가속주의는 기술친화적 입장의 철학적·문화적 입장을 통칭하는 용어이다. 효과적 가속주의자들은 AI를 포함한 모든 기술의 진보에 어떠한 제한도 두어서는 안된다는 입장을 견지하며, 이것이 곧 빈곤, 전쟁, 기후 변화와 같은 인류 보편적 문제의 해결책이라고 믿는다. 즉 AI를 비롯한 NBIC 공학의 개인적·사회적 적용은 가속화되는 것이 바람직하며, 그 반대의 입장, 즉 감속주의자("decels". decelerationists의 약자)들을 비판한다. 이 진영의 대표자인 Guillaume Verdon은 "기술에 대한 불신을 심고 인공지능과 기타 새로운 혁신의 발전을 저해하려는 탈성장 및 도미노 운동에 대한 문화적 대응"을 추동하고 있다(박태웅, 2024: 355이하) https://en.wikipedia.org/wiki/Effective_accelerationism (2025.02.16. 검색) https://www.truthdig.com/articles/effective-accelerationism-and-the-pursuit-of-cosmic-utopia/(2025.02.16. 검색) https://blog.joelonsdale.com/p/ep-76-accelerate-or-die-guillaume (2025.02.16. 검색)

가지 유형으로 분류하여 소개하자면 다음과 같다.

첫 번째 유형은 교육의 주변화이다. 향상 담론의 저명한 지지자인 보스트롬[8]과 사불레스쿠는 "향상을 통한 인간 개선의 필요성"을 역설하기 위하여 "우리는 충분히 훌륭한가?"라는 도발적인 질문을 제기하였다. 그들은 공부와 훈련과 같은 전통적인 방법이 자아실현에 적합한지, 아니면 정신적·육체적 능력을 보다 직접적으로 개선하기 위해 과학기술을 사용해야 하는지를 물었다(Bostrom & Savulescu, 2009: 1). 이 질문을 통해 그들이 전하고자 하는 메시지는 분명하다. 즉 향상이라는 수단이 전통적 방법보다 더 과학적이고 직접적이며 미래지향적이라는 신념이다. 여기서 그들이 "학습과 훈련"이라고 부연한 전통적 방법이란 일반적으로 "교육"이라고 통칭되는 그것을 의미한다. 그들이 제시하고 있는 이 대조에서 교육은 향상에 비하여 낡고, 덜 과학적이며, 비효율적인 것으로 묘사되고, 결과적으로 교육은 인간의 잠재력을 제약하는 것으로 간주된다. 향상의 옹호자들에 따르면, 향상은 느

[그림 I-2] "교육과 향상" 비교 (Bostrom & Savulescu, 2009: 1 참조)

---

8) Nick Bostrom. 영국 옥스퍼드 대학교 교수 및 The legendary Future of Humanity Institute 소장 역임(2005-2024). 2023년 9월 21일 경희대학교 미래문명원이 주최한 PBF(Peace Bar Festival "평화 혹은 붕괴. 변곡점에 선 지구사회")에 초청되어 "Challenges Along Path to AI Utopia"라는 주제로 강연한 바 있다(강연 영상: https://gafc.khu.ac.kr/gafc_kor/user/bbs/BMSR00040/view.do 2025.02.16.검색) 그의 모든 저작과 강연 영상은 그의 홈페이지(https://nickbostrom.com)에서 확인 가능하다.

릴 뿐만 아니라 결과를 장담할 수 없는 전통적 방법인 교육에 비해 더 효율적이고 신뢰할 수 있는 목표달성 수단을 제공한다는 것이다.

두 번째 유형은 교육과 향상의 개념의 등치이다. 사불레스쿠는 "인간으로 있는다는 것(to be human)은 나아진다는 것(to be better)을, 혹은 적어도 나아지려고 노력하는 것을 의미한다"고 말한다(Savulescu, 2005: 36-38). 일견 이것은 교육의 당연한 인간학적 근거를 기술한 것으로 보일 수 있지만, 실은 그렇지 않다. 그는 향상의 대표적 옹호자이며, 이 문장은 "새로운 인간종(種): [우리의 아이들을] 향상하여야 하는 도덕적 의무"라는 제목의 짧고 강렬한 논문의 일부이다. 그의 동료 보스트롬은 "태교를 위해 모차르트를 들려 주는 것을 금지하지 않는다면, 인간 향상의 제 활동에 반대할 이유 역시 없다"(Bostrom, 2005: 212)라고 말함으로써, 태교와 향상을 등치시킨다. 이들의 논의 속에서 향상과 교육은 근본 동기뿐 아니라 심지어 철학적 뿌리[9]마저 동일한 것으로 묘사되고 있는데, 여기에는 향상에 대한 사회적 반감을 자연스럽게 누그러뜨리려는 전략이 내재되어 있다. 교육에 반대하지 않는다면 향상에도 반대할 이유가 없다는 논리이다. 보스트롬은 여기서 한 걸음 더 나아가, 자유주의 우생학의 논리를 차용하여, 누군가가 향상의 수혜를 입지 않기로 결정한다는 것은 자발적으로 열등하기를 선택하는 것과 다를 바 없다고까지 말한다

9) 보스트롬은 일반적으로 계몽주의 교육학과 근대교육학의 시작점이라 여겨지는 칸트의 "'계몽이란 무엇인가'에 대한 답변"(1784)의 유명한 문장 "그러므로 '과감히 알려고 하라!'(Sapere aude), '너 자신의 오성을 사용할 용기를 가져라!'"(Kant, 1998: 53)를 향상 담론의 철학적 토대라고 말한다(Bostrom, 2005: 206-211). 이러한 논리에 따르면, 교육과 향상은 근본 동기와 철학적 출발점이 동일하다는 것이다. 교육과 향상의 철학적 토대와 인간학적 구조에 대한 오해 또는 착시현상에 대한 비판적 검토는 Woo(2024: 1201-1207)를 참조 바람.

(Bostrom, 2005: 206-211).

세 번째 유형은 위계화 전략이다. 즉 그들은 향상을 교육의 상위개념으로 설정하고, 교육을 향상의 하위개념으로 위치시킨다. 이미 20여 년 전, 보스트롬은 교육을 로우테크로 그리고 향상을 하이테크로 규정하면서, 교육은 향상을 위한 보조재라고 그 기능과 의미를 격하한 바 있다(Bostrom, 2003: 496). 그에게 있어서 "학교는 단지 정신 소프트웨어를 관리하는 기관이며, 교육은 인지력을 향상시키는 전통적인 수단"에 불과하다(Bostrom & Sandberg, 2009: 312-313, 323). 이와 유사하게, 뷰캐넌은 향상을 포괄적 상위개념으로 설정하고 교육을 향상의 하위개념으로 위치시켰다. 그의 분류표 속에서 교육은 이미 향상의 일부이다. 즉 교육은 "비생의학적(non-biomedical)이고 제도화된 향상"일 뿐이다. 아울러 그의 전망에 따르면, 교육이 현재는 생의학적 향상과 경쟁의 관계에 있지만, 곧 그 역할이 소멸되어 갈 것이다. 그는 이렇게 말한다. "BCE를 통해 우리는 현존하는 불편부당한 사회불평등을 줄일 수도 있다. 교육의 목적 실현을 위하여 우리는 어쩌면 BCE(Biomedical Cognitive Enhancement)로 방향을 전환할 필요가 있다"라고까지 말한다(Buchanan, 2011: 147).

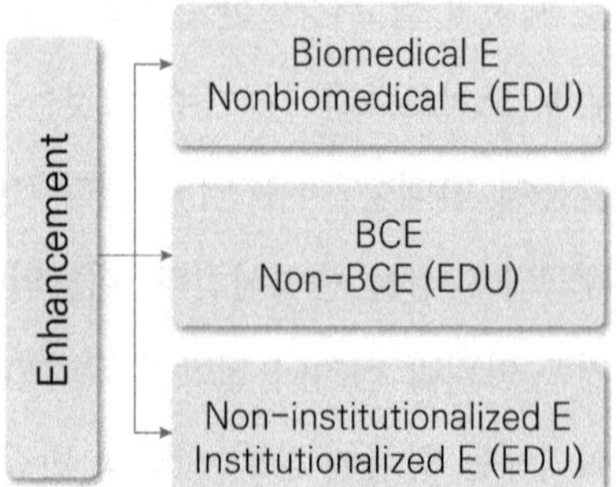

[그림 I-3] "BCE와 교육의 위계화" (Buchanan, 2011: 147 참조)

네 번째 유형은 향상의 유사교육화 전략이다. 이것은 사회적 차원에서 향상을 교육처럼 제도화할 필요가 있다는 주장을 의미한다. "우리는 우리의 후손들을 [교육보다] 더욱 신뢰할 만한 방식으로 선택할 수 있다. … 나는 우리 아이들의 생명과 기회를 향상시킬 도덕적 의무가 있다고 믿는다. 기술이 우리와 우리 아이들의 삶을 향상시킬 수 있는 힘을 제공해 준다면, 그렇게 하지 않는 것이야말로 무책임한 것이다. … [향상을 통하여] 그들의 신체적, 음악적, 심리적 그리고 여타의 능력들을 개선시키지 않는 것은 그들에게 어떤 독성물질을 주어서 그들의 능력을 감퇴시키는 것과 마찬가지로 그들을 해롭게 하는 것이다. … 생물학적 향상은 궁극적으로는 우리가 아이들을 학교에 보내어서 성취할 수 있는 것보다 훨씬 더 많은 기회의 신장을 가져올 것이다."(Savulescu, 2005: 36-38) 그리고 이러한 주장은 의무교육과 유사한 방식의 향상의 의무화, 즉 의무향상의 제도화로까지 이어진다. 보스트롬은 "[경제적으로] 감당할 수 없는 아동들에게, 현대 사회에서 교육을 의무화하여 제공하듯이, 향상을 제공하고, 심지어 부모가 반대한다 하더라도, 의료적 처치를 강제할 수 있어야 한다"(Bostrom, 2003: 500)라고 말하며, "태어날 아이를 심각한 유전적 문제로부터 보호하도록 [즉 인간향상의 기술을 의무적으로 사용하도록] 사회가 나서서 규제하여야 한다"(Bostrom, 2005: 211)고까지 제안한다. 뷰캐넌이 보기에 인지적 능력의 개선을 위해 현재 유일하게 제도화된 교육의 독점은 무너질 필요가 있으며, 향상이 그 역할을 대신하여야 한다는 것이다(Buchanan, 2011: 147). 즉 향상의 지지자들은 인지능력의 개선을 위해서든 인간의 도덕성과 사회성 발달을 위해서든, 혹은 심지어 사회불평등의 완화를 위해서든 향상이 교육보다 더욱 직접적이고 확실한 수단이기에, 의무향상이 강제될 필요가 있다는 것이다. 향상의 공학과 의무제도화의 조합은 효과적 가속주의의 실천강령이기도 하다.

다섯 번째 유형은 테크노 낙관주의의 적극적 홍보의 전략이다. 향상의 지지자들은 위 네 가지 유형의 신념을 그럴듯한 정치적 수사로 포장하여 유포하고 있다. 즉, "향상의 공학은 남성이든 여성이든, 흑인이든 백인이든, 육신이든 실리콘이든, 모든 인간에게 기회가 열려 있고, 원하는 모든 사람들을 동일한 수준에 이르게 하여 불평등의 심화를 막아 줄 것이며, 여하한 부작용 없이도 인간의 불필요한 비참을 경감할 수 있는 대단한 잠재력의 수단이기에, 모두에게 공개되고 장려되어야 할 공공선"이라는 것이다. 이를 통해 인간은 "지금보다 더 나은 사람, 더 사랑스러운 사람, 더 밝고 아름답고, 더 건강하고 행복한 사람이 될 수 있다고 홍보하는 것이다(Bostrom, 2003: 498-503; 2005: 210). 물론 이러한 적극적 혹은 과대 홍보는 교육에 대한 불만과 불신을 전제로 하고 있다. 즉 오래 걸리고, 답답하고, 결과가 불확실한 교육이라는 수단이 충족시켜 줄 수 없던 그것을 향상은 보다 직접적이고 효과적으로 이루어 줄 수 있다는 것이다. 물론 이러한 과대 홍보가 동반하는 생의학적 위험이나 경제적 부담, 그리고 현대 사회의 자본구조가 야기하게 될 각종 문제들에 대해서 그들은 침묵하거나 혹은 예의 순진한 낙관주의적 태도를 보인다(Bostrom, 2003: 498).[10]

물론 위와 같은 향상 담론의 범람이 전적으로 일방적인 것만은 아니다. 이에 반론을 제기한 학자들도 등장하였고, 학계에서는 이들을 생명보수주의(Bio-conservativism)이라고 명명한다. 혹자는 인간본성을 손상할 수 있다는 이유에서 향상을 반대하고, 혹자는 인간의 자율성과 사회적 공정성이 훼손될 수 있다는 이유에서 향상을 반대하노라는 의견을

---

10) 이에 관한 비판적 고찰은 Pedersen(2010: 244), 박희주(2000: 27), 우정길(2019: 258-261)을 참조 바람.

개진한 바 있다(우정길, 2019: 215, 276-284). 그러나 "생명보수주의자들의 보수적 대응이야말로 직관적, 감정적, 신비주의적"(Giubilini & Sanyal, 2016)이기에, 합리적 논거라고 보기 어렵다는 비판 역시 꾸준히 제기되어 오고 있는 형국이며, 이에 따라 생명윤리의 논쟁은 현재 교착상태에 머물러 있다"(Roache & Clarke, 2009: 1).

그리고 위와 같은 교착상태를 바라보는 시선이 교육학에 대하여 고운 것만은 아니다. 향상 담론의 범람이 교육의 잠식을 야기하고 있다는 교육학적 진단의 이면에는 교육학자들에 대한 향상 담론 지지자들의 다음과 같은 신랄한 비판도 포함되어 있다. "교육학자들이 향상에 반대하는 것은 그들이 휴머니티에 관한 텅 빈 강박관념에 매몰되어 있기 때문이다. 또한 그들은 역겨움이라는 모호한 정서, 미래에 대한 막연한 두려움, 그리고 디스토피아적 환상과 공포에 사로잡혀 있기에, 인간 향상에 반대한다. 새로운 것이라면 무조건 퇴짜를 놓고 보는 보수주의자들" (Pedersen, 2010: 237; Herold, 2016: 252; Sidorkin, 2017: 105). 그리고 이 비판은 어쩌면 오늘 "AI 디지털 교육의 윤리적 실천"을 고민하는 본 저서의 저자들을 향하는 것일 수도 있다.

III. "AI 디지털 교육의 윤리적 실천" 포럼, 그리고 "일시 멈춤"의 미학

지난 10여 년 동안 AI 윤리와 관련하여 여러 국가와 단체가 원칙의 합의를 시도하고, 이것을 법제화하려고 노력해 왔다. 주요한 시도들을 열거하자면 아래와 같다(박태웅, 2024: 266-363)

- 2017/2023 미국 캘리포니아 아실로마 “아실로마 AI원칙”
- 2018년에 AI가이드라인에서 시작하여 2019년 최종안을 확정하고, 2024년에 법안 효력발생이 의결된 “유럽연합 인공지능법”
- 2020년 로마교황청 성명 “로마가 인공지능 윤리를 요청함”
- 2020년 하버드대학 버크만 센터가 제안한 “인공지능 준칙 백서”
- 미국 상원에 상정되어 있는 “알고리즘 책무법안 2022”
- G7 히로시마 프로세스를 통해 채택된 “히로시마 AI프로세스 종합 정책 프레임워크 개발”(2023)
- “2023 미국 백악관 인공지능 행정명령”
- 2023년 영국에서 개최된 “AI안전성 정상회의”에서 채택된 “첨단 인공지능의 안정성에 관한 국제과학보고서”
- “MIT 인공지능 위험 저장소”(2024)
- “캘리포니아 인공지능법 SB1047”(2024)

그중에서도 필자의 주목을 끄는 사례는 “아실로마 AI원칙”이다. 이것은 2017년 미국 캘리포니아 아실로마(Asilomar)에 세계 유수의 AI · IT전문가들이 모여 “유익한 인공지능 회의”를 개최하고, 인공지능 연구와 실행에 관련하여 합의한 23개 원칙을 의미한다.[11] 본 저서의 취지와 직접적으로 관련된 윤리 · 가치 영역의 원칙들(제 6-18 원칙)을 열거하자면 다음과 같다.

11) https://futureoflife.org/open-letter/ai-principles/ (2025.02.17. 검색)

- **안전**: 인공지능 시스템은 작동 수명 전반에 걸쳐 안전하고 또 안전해야 하며, 적용 가능하고 실현 가능할 경우 그 안전을 검증할 수 있어야 한다.
- **장애 투명성**: 인공지능 시스템이 손상을 일으킬 경우 그 이유를 확인할 수 있어야 한다.
- **사법적 투명성**: 사법제도 결정에 있어 자율시스템이 사용된다면, 권위 있는 인권기구가 감사할 경우 만족스러운 설명을 제공할 수 있어야 한다.
- **책임**: 고급 인공지능 시스템의 디자이너와 설계자는 인공지능의 사용, 오용 및 행동의 도덕적 영향에 관한 이해관계자이며, 이에 따라 그 영향을 형성하는 책임과 기회를 가진다.
- **가치관 정렬**: 고도로 자율적인 인공지능 시스템은 작동하는 동안 그의 목표와 행동이 인간의 가치와 일치하도록 설계되어야 한다.
- **인간의 가치**: 인공지능 시스템은 인간의 존엄성, 권리, 자유 및 문화적 다양성의 이상에 적합하도록 설계되어 운용되어야 한다.
- **개인정보보호**: 인공지능 시스템의 데이터를 분석 및 활용능력의 전제하에, 사람들은 그 자신들이 생산한 데이터를 액세스, 관리 및 통제할 수 있는 권리를 가져야 한다.
- **자유와 개인정보**: 개인정보에 관한 인공지능의 쓰임이 사람들의 실제 또는 인지된 자유를 부당하게 축소해서는 안 된다.
- **공동이익**: 인공지능 기술은 최대한 많은 사람에게 혜택을 주고 힘을 실어 주어야 한다.
- **공동번영**: AI에 의해 이루어진 경제적 번영은 인류의 모든 혜택을

위해 널리 공유되어야 한다.

- **인간의 통제력**: 인간이 선택한 목표를 달성하기 위해 인간은 의사결정을 인공지능 시스템에 위임하는 방법 및 여부를 선택해야 한다.
- **비파괴**: 고도화된 인공지능 시스템의 통제로 주어진 능력은 건강한 사회가 지향하는 사회적 및 시정 과정을 뒤엎는 것이 아니라 그 과정을 존중하고 개선해야 한다.
- **인공지능 무기 경쟁**: 치명적인 인공지능 무기의 군비 경쟁은 피해야 한다.

어쩌면 AI 디지털 교육의 윤리적 실천을 고민하는 교육자 · 교사들에게도 시사하는 바가 큰 이 원칙들은 기존의 인공지능 윤리를 망라한 것이라고 보아도 무방하다. 그리고 "아실로마 AI원칙"뿐 아니라 사실상 대부분의 AI 윤리 성명서나 법안 역시 이러한 원칙들을 각각의 문화적 맥락에 맞게 변용한 것이라고 볼 수 있다.

그러나 "아실로마 AI원칙"만의 독특한 점이라면, 바로 "일시 멈춤"에 대한 과감한 결단의 촉구이다. 아실로마 컨퍼런스는 2023년 다시 모여서 "Pause Giant AI Experiments: An Open Letter"라는 성명을 통해 "강력한 인공지능 시스템은 그 효과가 긍정적이고 위험을 관리할 수 있다는 확신이 있을 때에만 개발되어야 한다."고 밝히며, "모든 AI 연구소에 GPT4보다 더 강력한 AI 시스템의 학습을 최소 6개월 동안 즉시 중단할 것을 요청"하였다.[12] 이러한 요청은 그로부터 48년 전인 1975년 아실로

12) https://futureoflife.org/open-letter/pause-giant-ai-experiments/ (2025.02.17. 검색)

마 회의의 정신을 계승한 것이다. 이 회의에서는 당시 과학계의 중요한 이슈였던 유전자 조작(Recombinant DNA)의 잠재적 위험에 대한 규제의 필요성이 논의되었다. 그리고 놀랍게도 이 회의가 미친 긍정적 영향력은 관련된 실험의 중단으로 귀결되었다. 이러한 "일시 멈춤"을 통해 DNA 재조합 기술의 안전한 사용을 위한 기준이 마련되었을 뿐 아니라 새로운 과학 지식에 인류가 대응하는 방법의 선례가 제시될 수 있는 가능성이 확보되었다. 실제로 이후 미국 국립보건원(NIH: The National Institutes of Health)은 "유전자 재조합 연구 가이드라인"(NIH Guidelines for Research Involving Recombinant DNA Molecules: Wivel, 2014)을 발표하기도 하였다.

물론 2017년에 이어 2023년에도 개최된 아실로마 회의에서 채택된 "일시 멈춤"의 요청은 실현되지 않았다. 이와 관련된 찬반 양론이 거셌을 뿐 아니라 21세기의 과학계와 자본시장의 양상은 반세기 전의 그것과 상당히 다르기 때문이다. 그러나 이 계기를 통해 AI의 잠재적 위험에 대한 경각심이 환기되었을 뿐 아니라 "일시 멈춤"이 가능하지 않은 현재의 상황 및 공동체적 대응의 필요가 새삼 환기된 것도 사실이다.

경희대학교 교육대학원과 교육발전연구원이 공동으로 주최한 "AI 디지털 교육의 윤리적 실천 포럼"도 그와 비슷한 성격을 띤다. AI 디지털이라는 화두는 이미 대한민국의 교육계에서 부정할 수 없는 현실이 되었다. 물론 현재 AI 디지털이 교육의 실제, 특히 학교 교육의 현장에서 비가역적으로 필요불가결한 요소로 확정된 것은 아니다. 그러나 21세기의 문명사적 흐름은 AI 디지털의 큰 물길을 터나가고 있고, 이와 관련된 교육정책적 의사결정은 이미 이루어진 상태이며, 행정과 재정의 후속 조처들도 이미 상당 부분 진행 중이라는 점만은 부인할 수 없다. 그리고 시장과 개인들은 이러한 생태계의 전환에 빠른 템포로 적응해 나갈 태세를 이미 갖추고 있다. 이제 "완전 멈춤"은 커녕 여하한 "일시 멈춤"조차도 쉽지 않아 보이며, 그것이 절대선(善)이라고 주장할 근거도 희박하다.

그럼에도 불구하고 우리는 교사를 양성하고 재교육하는 기관들을 포함하여 교육을 기획하고 실천하는 모든 주체들에게 아실로마의 고전적 정신을 복기하자는 요청을 드리고자 한다. 즉, 모든 교육 기획의 시작과 종료의 지점에서 그리고 교육적 실천의 매순간 "윤리적 일시 멈춤"의 계기를 갖자는 제안을 드리고자 한다. "일시 멈춤"은 문자 그대로 일시적인 멈춤일 뿐 완전 멈춤이 아니기에, 불명예로운 낙오나 종국적 실패와는 무관할 것이다. 아울러 이 "일시 멈춤"이야말로 제대로된 질주를 준비하는 AI 디지털 교육의 방향과 질을 결정하는 결정적 계기가 될 것이기 때문이다.

이러한 "일시 멈춤"의 일환으로 본 저서를 통해 한정윤은 "맞춤형 교육을 위한 AI 활용의 윤리"를 논한다. 그는 AI 기술의 자율성과 적응성을 활용하여 학습자의 특성을 측정 · 분석 · 조정함으로써 맞춤형 교육을 시행하기가 수월해진다는 교육생태계의 변화에 대한 긍정적 평가와 아울러 몇 가지 우려도 소개하고 있다. 즉, AI의 편향적 판단 가능성, 경제적 불평등 심화 가능성, AI 기술의 악용 가능성이 그것이다. 이에 더하여 AI 기술을 교육의 장에서 활용하고자 하는 교육자들을 향하여 그가 요청하고 있는 교육윤리적 성찰은 우리 시대가 귀담아들을 필요가 있다. 즉 AI 기술이 교육이라는 이름하에 감시 기술로 오해되고 있는 것은 아닌지, 교육적 판단의 주체성을 상실하거나 교육적 책임이 회피되고 있는 것은 아닌지, 그리고 그럴듯한 거짓말(hallucination)과 편향된 알고리듬(filter bubble)에 갇혀 종합적·비판적 사유가 희미해지는 것은 아닌지를 점검해 보아야 한다는 요청이다. 이를 위해 AI 기술과 관련한 윤리적 감수성의 고양, 인간적 주도성과 책임성 고수, 사회적 차원에서 지속적 논의와 기준 마련이 필요하다는 그의 제안은 사회적 공명을 이룰 가치가 충분하다.

위와 같은 AI 디지털 교육의 윤리적 실천을 위한 주요한 원칙과 논점은 김형주의 논고에서 더욱 선명하고 구체적으로 제시되고 있다. 특히 ICT활용 교육의 시대와 이러닝 교육의 시대를 지나 근래에 그 시행이 가시화되고 있는 AI 디지털교과서와 관련하여 그가 제안하고 있는 네 가지 윤리적 논점, 즉 개인정보보호와 보안, 알고리즘 편향 및 공정성, 지적 재산권 문제, 학습자의 자율성과 의사결정권 등은 AI문화가 보편화되어 가는 현대사회의 구성원이라면 누구나 관심을 기울여야 할 중요한 의제들이다. 아울러 그가 AI 디지털교과서의 개발자, 그리고 이것을 활용하게 될 교사와 학생들에게 각별히 요청하는 윤리적 책무성의 세부적 항목들은 대한민국 교육계의 모든 주체들이 마음을 열고 경청하면서 중지를 모아 나가야 할 국가적 의제이기도 하다.

한석훈은 우리 사회가 경험하고 있는 AI 디지털 교육과 관련된 논의와 논란의 외피 아래로 한 걸음 들어가서 "왜? 무엇을 위하여? 그리고 과연?"이라는 질문을 던진다. 그의 질문은 AI 디지털 교육이 한 개인의 인격적 성장과 우리 사회의 공동선의 고양에 과연 기여할 수 있는가에 초점이 맞춰져 있다. 이로부터 그는 본질적으로 인간과 인간 사이의 사안이었던 교육에 기계 문명이 개입하면서 생겨나는 모든 논란의 성격과 의미에 대해 다시 성찰해 볼 수 있는 계기를 제공하고 있다. 페스탈로치를 인용하며 적고 있는 그의 제안처럼, “얼굴과 얼굴을 맞대고, 오직 가슴과 가슴으로 인간답게 인격을 도야할 수 있는” 인간 교육의 가능성은 AI 디지털 교육의 시대에도 여전히 많은 이들의 공감을 얻을 수 있을 것이다.

이지연은 AI 디지털 시대의 교육이 직면한 구체적 도전 과제로 생성형 AI를 지목하고, 학습 윤리의 관점에서 생성형 AI를 어떻게 활용할 것인가라는 의제를 집중적으로 조명하고 있다. AI 디지털과 생성형 AI라는 시대적 소용돌이의 와중에 그녀가 천착하는 교육의 질문은 대단히 고전적임과 동시에 교육학의 본질에 닿아 있다. 즉 학습의 의미는 무엇이고, 좋은 수업은 어떤 것이며, 학습과 수업을 촉진하기 위해 고안된 과제는 어떤 모습이어야 하는가 등이다. 이러한 요소들의 균형 잡힌 선순환을 저해하는 생성형 AI의 부작용, 즉 과제표절과 학문적 태업(academic slacking) 등의 현상에 대하여 그녀는 교육 당국을 비롯한 교사교육의 주체들이 정책 - 윤리 - 기술의 체계적 인프라를 구축하여 대응해 나가야 한다고 제안한다. 이에 더하여 그녀는 교원의 양성과 재교육을 담당하는 교수자들을 향해서도 내용 - 연습 - 피드백이라는 좋은 수업의 필수 요소들이 합목적적으로 작동할 수 있는 학습과제와 수행지침을 고안하여 제시할 필요가 있다고 권면한다.

이영태는 2020년대의 시작과 함께 한국 교육계의 큰 화두가 되었던 메타버스를 초중등 교육 현장에서 활용하는 데 있어서 필수적으로 고려하여야 할 윤리를 다음 여섯 가지 범주, 즉 학습자 윤리, 교수자 윤리, 학부모 윤리, 콘텐츠 윤리, 시스템(보안) 윤리, 데이터 윤리 등으로 나누어 제시하고 있다. 그에 따르면, 이들 세부적 영역의 학습 윤리는 그

각각의 하위 범주들도 적극적 탐색의 대상이 되어야 함은 물론이거니와 이 모든 윤리들이 하나의 유기적 시스템으로 작동할 때 그 규범성과 윤리적 의의가 제대로 구현될 수 있을 것이다. 아울러 학습 윤리의 전제와 관련하여 "누구나 이해하고 수용가능한 보편 윤리에 기반한 학습 윤리"를 제안하는 그의 기조는 AI 디지털 시대로의 진입이 가속화할수록 더욱 건실히 유지하여야 할 교육의 대전제라 할 수 있을 것이다.

IV. 맺음말

본 저서를 통해 "일시 멈춤"의 계기를 제공해 주신 저자들께 진심어린 감사를 드린다. 이 "일시 멈춤"은 물리적 시간적 정지를 의미하는 것이 아니다. 여기에는 여하한 불확실성에도 불구하고 이루어지고 있는 교육적 의사결정들에 대한 질문이 내포되어 있고, 현재와 미래 사이에서 변화를 거듭해 가는 다층적 세계를 향한 전문가들의 다관점적 안내가 포함되어 있다. 특히 인간중심주의로부터 탈피하라는 거대담론적 요청에 따라 인간의 존재론적 위상이 약화의 일로를 걷고 있는 오늘날, 그리고 교육의 효능과 의의에 대한 회의가 깊어지고 있는 21세기에, 본 저서의 저자들이 "윤리적 실천"의 표제 아래 던지는 질문과 제안의 행간에서 우리는 인간과 교육의 의미와 인간교육의 지향점을 조우할 수 있을 것으로 확신한다.

참고문헌

곽영순(2023). 『인류세와 신물질론 질적연구 패러다임』. 교육과학사

남미자(2022). 근대적 사유를 넘어 새로운 교육지형도 그리기: 신유물론적 논의를 중심으로. 『교육철학연구』44(1), 27-55.

문성재(2024). 수학교육연구에서 물질성의 이중적 지위와 실천적 함의 - 신유물론 관점을 중심으로. 『수학교육철학연구』6(3), 221-234

박태웅(2024). 『AI강의 2025』. 한빛비즈.

박희주 (2000). 새로운 유전학과 우생학. 『생명윤리』 1(2), 14-28.

박휴용(2022). 신물질론적 유아 리터러시: 개념과 성격 및 사례 분석. 『언어과학연구』102, 21-51.

소경희(2024). 교육과정 연구에서 인간과 비-인간의 관계를 새롭게 사유하기: 사회 - 물질적 접근의 함의. 『교육과정연구』42(3), 1-23.

손연주(2023). 유아교육과정의 실행에서 교육내용(CK)과 교육학지식(PK) 간의 운동성 탐구 : 신물질론에 기반하여 새롭게 바라보기. 『교육비평』51, 180-222

엄수정 외(2023). 신유물론적 회절과 생성을 통한 다섯 교사들의 생태전환교육과정 이야기. 『교육인류학연구』26(4), 73-113

우정길(2019). 『포스트휴머니즘과 인간의 교육』. 박영스토리

우정길(2025). 포스트휴머니즘과 신유물론의 교육학적 수용을 위한 예비적 고찰. 2025고려대학교 동계학술대회 기획특강. 미간행 발제문.

이광석(2021). 『피지털 커먼스』. 갈무리.

이동신(2017). 좀비라는 것들 신사물론과 좀비. 『안과밖』43, 36-60.

이동신(2022). 『포스트휴머니즘의 세 흐름』. 갈무리

이준석·김연철(2019). 사회이론의 물질적 전회(material turn): 신유물론(new materialism), 그리고 행위자-네트워크 이론(ANT)과 객체지향존재론(OOO). 『사회와 이론』11, 7-53.

진태원(2023). 인류세와 스피노자의 철학. 2023 한국교육사상학회 여름학술대회 자료집 (pp. 3-16).

천호재(2023). 신물질론, 객체지향존재론, 포스트현상학 이론에 기반한 일본어

교육과정론의 구축. 동북아시아문화학회 국제학술대회 발표자료집 (pp. 330-338).

Agar, N. (1998). Liberal Eugenics. *Public Affairs Quarterly* 12(2), 137-155.

Bennett, J. (2010). *Vibrant Matter: A Political Ecology of Things.* 문성재 옮김(2020). 『생동하는 물질』. 현실문화

Bostrom, N. (2003). Human Genetic Enhancements: A Transhumanist Perspective. The Journal of Value Inquiry 37, 493-506.

Bostrom, N. (2005). In defense of Posthuman Dignity. *Bioethics* 19(3), 202-214.

Bostrom, N., & Sandberg, A. (2009). Cognitive enhancement: Methods, ethics, regulatory challenges. *Science and Engineering Ethics* 15(3), 311-341.

Bostrom, N., Savulescu, J. (2009). Human Enhancement Ethics: The State of the Debate. Savulescu, J. & Bostrom, N. (Ed.). *Human Enhancement* (pp. 1-22). Oxford Univ. Press.

Braidotti, R. (2013). *The Posthuman.* Cambridge Polity Press.

Buchanan, A. (2011). Cognitive enhancement and education. *Theory and Research in Education* 9(2), 145-162.

Callus, I., Herbrechter, S. (2013). Posthumanism. Malpas, S. & Wake, P. (Ed.). *The Routledge Companion to Critical and Cultural Theory*(pp. 144-153). Routledge

Fitzsimons, P.J. (2007). Biotechnology, ethics and education. *Studies in Philosophy and Education* 26, 1-11.

Giubilini, A. & Sanyal, S. (2016). Challenging Human Enhancement. Clarke, S. et. al (Ed.). *The Ethics of Human Enhancement* (pp. 1-24). Oxford University Press

Grusin, R. (2015). *The Nonhuman Turn.* University of Minnesota Press.

Habermas, J. (2001). *Die Zukunft Der Menschlichen Natur: Auf dem Weg zu einer liberalen Eugenik?* Suhrkamp. 장은주 옮김(2003). 『인간이라는 자연의 미래』. 나남출판

Hamilton, C. (2017). *Defiant Earth.* 정서진 옮김(2018). 『인류세』. 이상북스.

Herold, E. (2016). *Beyond Human.* St. Martin's Press

Kant, I. (1998). Beantwortung der Frage: Was ist Aufklärung (Dez. 1783). *Immanuel Kant* (VI) (pp. 53-61). Hrsg. von W. Weischedel. WBG.

Lippitz, W. & Woo, J.-G. (2008). Pädagogischer Bezug. Erzieherisches Verhältnis. Frost, U., Böhm, W., Koch, L., Ladenthin, V., Mertens, G. (Ed.). *Handbuch der Erziehungswissenschaft (Bd I.)* (pp. 405-419). Schöningh.

Morton, T. (2018). *Being Ecological.* 김태한 옮김(2023). 『생태적 삶』. 앨피.

Mukerji, C. (2015). The Material Turn. Scott, R. & Kosslyn, S. (Ed.). *Emerging Trends in the Social and Behavioral Sciences* (pp. 1-13). John Wiley & Sons, Inc.

Nennen, H. U. (2003). *Philosophie in Echtzeit. Die Sloterdijk-Debatte.* Königshausen & Neumann

Pedersen, H. (2010). Is 'the posthuman' educable? On the convergence of educational philosophy, animal studies, and posthumanist theory. *Discourse: Studies in the Cultural Politics of Education* 31(2), 237-250.

Roache, R., & Clarke, S. (2009). Bioconservativism, bioliberalism, and the wisdom of repugnance. *Monash Bioethics Review* 28(1), 1-21.

Savulescu, J. (2005). New Breeds of Humans: the Moral Obligation to Enhance. *Reproductive BioMedicine Online* 10 (Supp. 1): 36-39.

Sidorkin, A. M. (2017). Cyborgs Forever. *Philosophy of Education*, 101-106.

Sloterdijk, P. (1999). *Regeln für den Menschenpark.* Suhrkamp.

Sloterdijk, P. (2009). *Du mußt dein Leben ändern.* Suhrkamp

Snaza, N. & Weaver, J. A. (2014). Introduction - Education and the Posthumanist Turn. Snaza, N. & Weaver, J. A. (Ed.) *Posthumanism and Educational Research* (pp. 1-14). Routledge.

Vita-More, N. (2005). The New [human] Genre Primo [first] Posthuman. http://www.medienkunstnetz.de/works/primo-posthuman/ (2025.02.24. 검색)

Wivel, N. (2014). Historical Perspectives Pertaining to the NIH Recombinant DNA Advisory Committee. *Human Gene Therapy* 25(1), 19-24.

Woo, J.-G. (2012a). Buber from the Cartesian Perspective? A Critical Review of Reading Buber's Pedagogy. *Studies in Philosophy and Education* 31, 569-585.

Woo, J.-G. (2012b). 'Inclusion' in Martin Buber's Dialogue Pedagogy.

Zeitschrift für Erziehungswissenschaft 15(4), 829-845.
Woo, J.-G. (2024). Education amid the deluge of enhancement discourses. *Educational Philosophy and Theory* 56(12), 1198-1209.

https://futureoflife.org/open-letter/ai-principles/ (2025.02.17. 검색)
https://futureoflife.org/open-letter/pause-giant-ai-experiments/ (2025.02.17. 검색)
http://www.medienkunstnetz.de/works/primo-posthuman 2025.02.24. 검색)
https://en.wikipedia.org/wiki/Effective_accelerationism (2025.02.16. 검색)
https://www.truthdig.com/articles/effective-accelerationism-and-the-pursuit-of-cosmic-utopia/ (2025.02.16. 검색)
https://blog.joelonsdale.com/p/ep-76-accelerate-or-die-guillaume (2025.02.16. 검색)
https://gafc.khu.ac.kr/gafc_kor/user/bbs/BMSR00040/view.do (2025.02.16. 검색)

제2장

맞춤형 교육을 위한 AI 활용에 따르는 윤리적 책임과 과제

한정윤

제2장

맞춤형 교육을 위한 AI 활용에 따르는 윤리적 책임과 과제

한정윤

Ⅰ. 디지털 전환, 우리의 일상과 교육을 바꾸다

디지털 혁신의 바람이 참으로 거세다. 이제 스마트폰 없는 일상은 상상하기 어려우며, 네트워크 환경은 수도나 전기처럼 기본적이고 필수적인 삶의 인프라가 되었다. 어느덧 친숙한 용어가 된 4차 산업혁명의 핵심은 바로 물리적 세계(atomic world)와 디지털 세계(bit world)의 융합에 있다. 이 두 세계의 경계가 희미해지면서 소위 디지털 전환(digital transformation)이라 일컫는 거대한 변화가 일어나고 있고, 이러한 변화는 우리 삶을 근본적으로 바꿔 놓고 있다. 특히 최근 급격한 성장세를 보이고 있는 생성형 AI 기술은 우리 일상의 디지털 혁신을 더욱 가속화하고 있다. 세계 유수의 기업이 앞다투어 내놓고 있는 여러 기반 모델(foundation model)은 하나의 특정 과업만을 수행하는 협의의 인공지능(ANI, Artificial Narrow Intelligence)을 넘어 과거 불가능이라 일컫던 인공 일반 지능(AGI,

Artificial General Intelligence)을 현실화할 것이라는 기대를 불러일으키고 있으며(Morris et al., 2023), 글쓰기와 프로그래밍을 넘어 작곡, 이미지 생성, 현실감 넘치는 영상 제작까지 그 활용 영역을 빠르게 넓혀 가고 있는 추세이다.

디지털 혁신의 바람은 교육 영역에서 또한 예외가 아니다. 인공지능, 빅데이터, 클라우드 컴퓨팅 등 다양한 디지털 기술이 교육 영역으로 진입하면서 전통적인 교육의 방식을 새롭게 재편하고 교육의 새로운 패러다임을 가져올 것이라 기대되고 있다. 과거에는 서책형 교과서와 칠판이 주된 학습 도구였다면, 이제는 태블릿과 디지털교과서, 온라인 학습 플랫폼과 같은 디지털 학습 환경이 새로운 교육의 장으로 떠오르고 있다. 특히 지난 코로나19 팬데믹 사태는 이러한 교육 영역의 디지털화를 이끈 촉매가 되었다. 언택트(untact) 교육 환경은 이제 선택이 아니라 언제 닥칠지 모를 미래의 교육 위기 상황을 대비하기 위한 하나의 장치이자, 교수자와 학습자 간의 다양한 상호작용을 유발해 교육 환경을 더욱 풍요롭게 만들어 줄 수 있는 또 하나의 교육 자원으로 자리매김하고 있다.

교육의 디지털 혁신에 반복적으로 등장하는 키워드가 있다. 바로 맞춤형 교육이다. 맞춤형 교육이란 개별 학습자의 특성과 요구에 기반해 서로 다른 학습 경험을 제공함으로써 보다 나은 교육적 효과를 기대할 수 있는 교육을 의미한다. 앞서 언급한 다양한 디지털 기술은 전통적인 교육의 방식에 비해 개별 학습자의 학습 행동을 수월하게 관찰할 수 있게 해 준다는 특징을 가진다. 이를 교육 데이터 측면에서 바라보면, 마이크로 데이터(micro data) 수집이 용이하다고 말할 수 있는데, 이러한 조밀한 데이터를 바탕으로 학습자의 학습 패턴을 더욱 정교하게 분석하고, 실시간으로 학습 상황을 진단해 최적화된 교육적 지원과 처치를 제공하는 것이 가능하게 되었다.[1] 이러한 가능성과 함께, 저출산 고령화로 인한 인구절벽 시대에 한 명 한 명의 학습자를 소중한 인적자원으로 양성해야 한다는 필요가 서로 맞닿아 맞춤형 교육에 대한 요구는 더욱 강해질 전망이다.

정부 역시 이러한 흐름을 반영하여 다양한 교육 정책을 내놓고 있다. 중앙정부 차원의 디지털 교육 정책은 교육부를 비롯한 다양한 관계부처의 협력을 통해 추진되고 있으며, 주요 목표는 AI 기반 맞춤형 교육의 실현과 디지털 교육 환경의 혁신에 있다. 2020년 발표된 '인공지능시대 교육정책방향과 핵심과제'는 AI 기술을 교육에 적극적으로 도입하여 개별화 학습, 교사의 역할 변화, 교육 격차 해소 등을 이루는 것을 목표로 설정하였다(관계부처 합동, 2020a). 이를 위해 '지능형 교육 3대 프로젝트'를 중심으로, AI 기반 교과 학습 솔루션, 평가 시스템 개발, 취약계층 지원, 교사 업무 효율화 등의 과제를 제시하였다. 이후 2022년 발표된 '디지털 인재양성 종합방안'에서는 디지털 교육 체제로의 대전환을 목표로 AI 기반 맞춤 학습체제 도입, 교원의 디지털 전문성 강화, 교육 데이터 표준화 등의 정책적 기초를 수립하였다(관계부처 합동, 2022). 2023년 '디지털

1) 교육 데이터는 측정 단위에 따라 매크로(macro), 메소(meso), 마이크로(micro) 수준으로 구분할 수 있는데, 메크로는 세계나 국가 수준, 메소는 지역 수준, 마이크로는 학습자 개인 수준의 데이터를 의미한다(Shum, 2021). 측정 단위가 가장 조밀한 마이크로 데이터는 전통적인 설문이나 면담 등의 방식으로는 수집에 어려움이 컸으나, 디지털화된 학습 환경에서는 개별 학습자가 자신의 계정으로 해당 학습 환경에 진입해 다양한 학습 활동(행동)을 하게 되고, 이러한 활동이 로그 데이터의 성격으로 기록되므로 과거에 비해 개인 수준의 마이크로 데이터 수집이 용이해졌다고 할 수 있다.

기반 교육혁신 방안'에서는 AI 디지털교과서 도입을 본격화하며, AI 기반 맞춤형 학습과 교육 데이터 활용을 통해 학습의 효과성을 극대화하는 방향을 제시하였으며, 2023년 9월 발표된 '에듀테크 진흥방안'은 공교육에서 AI 및 첨단 기술을 적극 활용할 수 있는 환경을 조성하고, 민관 협력을 강화하여 학교와 에듀테크 기업 간 연계를 활성화하는 전략을 포함하고 있다(관계부처 합동, 2023). 2024년에는 AI 디지털교과서 도입을 대비하기 위한 다양한 정책이 연이어 발표되었는데, 현장 교원의 디지털 역량을 강화하고, 디지털 기반 교육 혁신을 이끌 선도교사를 양성하기 위한 방안(교육부, 2024a)과 디지털 기반 교육 혁신의 기본 여건이 되는 일선 학교의 디지털 인프라를 개선하기 위한 계획(교육부, 2024b)을 대표적인 정책으로 꼽을 수 있다. 이러한 정부의 정책들은 AI 기반의 맞춤형 학습을 촉진하고, 디지털 교육의 혁신을 가속화하며, 교육격차 해소와 학습자 중심의 교육 환경을 조성하는 데 초점을 맞추고 있다.

Ⅱ. 맞춤형 교육을 위한 AI 활용의 접점: 관찰, 진단, 처치

앨런 튜링은 1950년 발표한 그의 논문 '계산하는 기계와 지능(computing machinery and intelligence)'에서 기계는 생각할 수 있을까?(Can machines think?)라는 질문으로 인공적인 지능의 구현 가능성을 학계에 처음으로 제시하였다. 이후 인공지능(Artificial Intelligence: AI)이라는 용어는 1956년 다트머스 회의(Dartmouth Conference)에서부터 공식적으로 사용되기 시작해 기계가 인지적 능력을 요하는 과업(task)을 수행할 수 있도록 인간의 지능을 모사하는 컴퓨터 과학 분야의 기술을 통칭하며(Grewal, 2014) 최근 4차 산업혁명과 디지털 전환의 핵심 기술로 주목받고 있다. 2016년, 전 세계를 놀라게 만들어 AI 역사에 하나의 이정표로 기록된 이세돌 9단과 알파고의 대국이 AI 기술의 놀라운 가능성을 알린 계기가 되었다면, 2022년 말부터 등장하기 시작한 생성형 AI 기술은 일반 대중이 일상과 업무에 실질적으로 사용할 수 있는 AI 기반 서비스로 자리 잡으며, AI가 더 이상 먼 미래의 기술이 아니라 우리가 실제로 경험할 수 있는 현실임을 보여 주고 있다.

다양한 AI 기술이 가진 공통적 특성은 제시된 과업을 자율적, 적응적으로 수행한다는 점이다[2]. 먼저 AI의 자율성(autonomy)은 복잡한 환경에서도 사용자의 지속적인(또는 명확한) 개입 없이 주어진 과업을 스스로 수행할 수 있는 능력을 의미한다. 이는 AI가 복잡한 환경에서도 자율적으로 적절한 결정을 내릴 수 있는 특성으로, 자율주행 차량이 주변 도로 상황과 교통의 흐름을 실시간으로 분석하여 최적의 경로를 스스로 선택하는 것을 예로 들 수 있다. 한편, 적응성(adaptivity)은 AI가 경험을 통해 성능을 지속적으로 향상할 수 있는 능력을 뜻한다. 가령 AI 기반 콘텐츠 추천 시스템은 사용자의 콘텐츠 이용 기록(데이터)에서 패턴을 찾아내고 이를 기반으로 사용자별로 서로 다른 관심사와 취향을 파악해 만족도 높은 새로운 콘텐츠를 추천해 준다. 이러한 특성 덕분에 AI는 단순히 사전에 설정된 작업을 반복 수행하는 것을 넘어, 복잡한 환경의 변화와 사용자 요구에 따라 능동적으로 반응하며 성능을 향상시킬 수 있다.

---

2) 공개된 온라인 학습 자원 'Elements of AI'에서는 AI의 핵심 특징으로 자율성(autonomy)과 적응성(adaptivity)을 들고 있음. https://course.elementsofai.com/1/1 참고(검색일: 2025.02.01.)

[표 II-1] AI 기술의 대표적 특성: 자율성과 적응성

특성	설명
자율성 (autonomy)	복잡한 환경에서도 사용자의 지속적인(또는 명확한) 개입 없이 주어진 과업을 스스로 수행할 수 있는 능력
적응성 (adaptivity)	경험(실질적으로는 데이터)을 통해 성능을 지속적으로 향상시킬 수 있는 능력

AI 기술이 가진 자율성과 적응성은 맞춤형 교육을 실현하는 데 유용한 특성이다. 자율성을 갖춘 AI는 교수자나 학습자의 지속적인 개입 없이 학습 데이터를 분석하여 개별 학습자에게 최적화된 교육 콘텐츠를 제공할 수 있다. 또한 적응성을 통해 AI는 학습자의 패턴과 성취도를 실시간으로 파악하고, 학습 경로를 동적으로 조정함으로써 보다 개인화된 학습 경험을 제공할 수 있다. 예를 들어, AI 기반의 학습 플랫폼은 학생이 어려움을 겪는 개념을 감지하고 즉각적인 보충 학습을 제공하거나, 반복 학습이 필요한 영역을 스스로 판단하여 추가 문제를 제시할 수 있다. 이러한 AI의 특성은 학습자 중심의 교육을 실현하는 데 필수적이며, 개별 학습자의 성장 속도와 학습 스타일을 반영한 유연한 교육 환경을 조성하는 데 기여한다.

그렇다면 맞춤형 교육의 실현을 위해 AI는 구체적으로 어떤 역할을 수행하는가? 앞서 짚어 본 바와 같이 맞춤형 교육을 효과적으로 구현하기 위해서는 개별 학생의 특성을 면밀히 파악하고 적절한 판단을 바탕으로 차별화된 학습 경험을 제공하는 것이 필수적이다. AI는 이러한 맞춤형 교육을 위해 필수적인 관찰, 진단, 처치의 순환적 과정에서 중요한 역할을 담당할 수 있다.

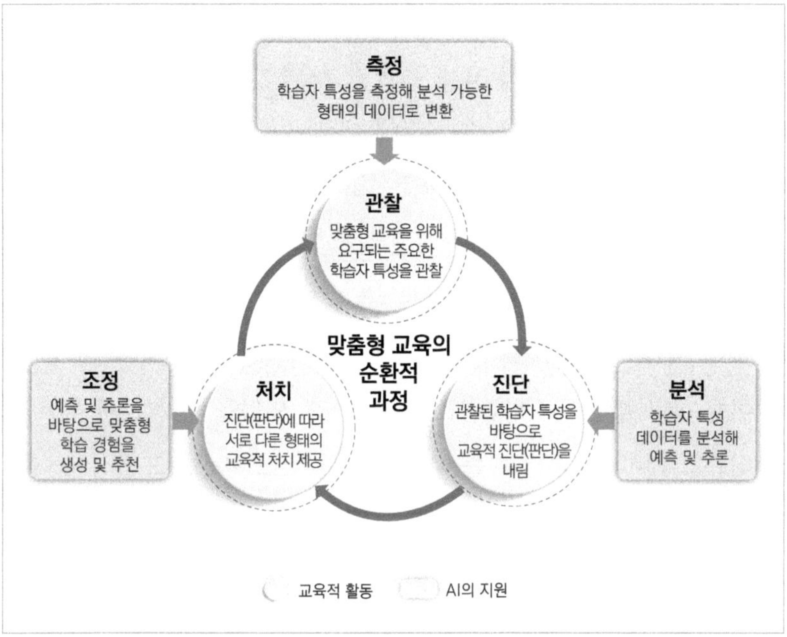

[그림 Ⅱ-1] 맞춤형 교육에서의 AI 활용(한정윤 외, 2023을 수정 보완)

먼저 관찰 단계에서 AI는 개별 학습자의 다양한 특성을 정량적으로 '측정'해 이를 디지털 데이터 형태로 수집하는 절차를 고도화할 수 있다. 가령 학생들의 필기나 서술식 문항 답변의 경우 기존에는 교사가 이를 하나 하나 직접 읽고 내용을 파악해야 했던 반면, AI 필기 인식 기능을 활용하게 되면 이러한 수고를 줄이고, 보다 자동화된 형태로 학생들의 응답을 손쉽게 파악할 수 있게 된다. 나아가 필기뿐만 아니라 AI 시스템을 통해 개별 학생의 음성, 표정, 감정 등을 인식할 수 있게 되면, 학습자의 인지적, 정의적, 심동적 특성을 입체적으로 파악할 수 있을 것이다. 이는 기존에 교사가 개별 학생을 직접 관찰하며 파악해야 했던 한계를 보완하고, 다수의 학습자를 더욱 면밀하게 모니터링할 수 있는 환경을 조성할 수 있음을 시사한다.

다음으로 진단 단계에서 AI는 앞서 관찰·측정된 다양한 학습자 특성 데이터를 '분석'함으로써 학습 상황에 대한 종합적인 정보를 도출하고, 이를 바탕으로 학습자별로 요구되는 데이터 기반 의사결정(data-driven decision)을 지원할 수 있다. 고도화된 관찰 단계에서 수집된 특성 데이터는 다분히 입체적이며 광범위할 것이다. 이러한 대량의 데이터를 교수자(또는 학습자가) 수작업으로 분석하기에는 현실적인 어려움이 따른다. AI는 이를 상당 부분 자동화함으로써 사용자의 역량을 증강(augment)[3)]시켜 대규모 데이터로부터 학습 상황에 대한 주요 지표를 도출하고 이를 바탕으로 개별 학생의(또는 자신의) 학습 수준과 상황을 종합적으로 진단하고 이를 해석하는 데 기여할 수 있다. 대표적인 예로 관찰 단계에서 수집된 학습자 특성 데이터로부터 일련의 학습 행동 패턴을 파악하고 이를 바탕으로 학습 중도 이탈 가능성을 예측하는 AI 모델과 학습자들의 학습 유형을 군집화하여 맞춤형 교육 전략을 설계할 수 있도록 하는 분석 기법을 들 수 있다.

마지막으로 처치 단계에서 AI는 개별 학습자의 진단 결과에 따라 최적화된 교수·학습적 개입을 제공하기 위해 학습 경험을 '조정'하는 역할을 수행할 수 있다. 구체적으로 AI는 학습내용과 방법, 평가와 피드백과 같은 학습 경험의 주요 요소를 조합, 변형, 생성하는 방식으로 적응형

---

3) 여기서 '증강(augment)'은 AI가 사용자의 역량을 대체하는 것이 아니라, 이를 보조하거나 강화하여 보다 효율적이고 효과적으로 제시된 과업을 수행할 수 있도록 지원하는 것을 의미한다. 구체적으로 해당 맥락에서 AI는 대량의 데이터를 분석하고 패턴을 도출하는 과정을 자동화함으로써 교수자와 학습자가 손쉽게 정교한 의사결정을 내릴 수 있도록 도울 수 있음을 뜻한다.

(adaptive) 처치를 지원한다. 먼저 조합의 경우 기존의 다양한 학습 경험의 요소를 학습자의 수준과 필요에 맞게 선별하고 적절한 순서로 배열하여 맞춤형 콘텐츠를 추천하거나 학습 경로를 제안하는 형태로 구현될 수 있다. 변형과 생성의 경우, 진단 결과를 바탕으로 학습 경험의 주요 요소를 수정하거나 새롭게 만들어 내는 방식으로 개별화된 학습을 지원한다. 이때 최근 큰 주목을 받는 생성형 AI 기술이 큰 역할을 해 줄 것이라 기대할 수 있다. 예를 들어 학생의 관심과 수행 수준에 따라 학습내용과 방법이 적응형으로 조정되는 학습 환경을 구현하거나, 상투적인 안내와 단순한 학습 지표를 제시하는 수준을 넘어, 보다 친근감 있고 개인화된 메시지를 담은 맞춤형 피드백을 제공하기 위한 목적으로 생성형 AI 기술이 활용될 수 있을 것이다.

이상을 종합하면 AI 기반 맞춤형 교육은 개별 학습자가 가진 서로 다른 특성에 따라 적절한 학습 경험을 제공하기 위해 전통적인 교수·학습 과정을 구성하는 관찰, 진단, 처치의 순환적 과정을 AI 기반의 측정, 분석, 조정 기술을 이용해 지원 혹은 증강함으로써 교육의 효율성과 효과성을 증진하기 위한 교육 활동으로 정의할 수 있다. 그렇다면 맞춤형 교육을 위한 AI 활용은 언제나 효과적이며 올바르게 이루어질까? 우리가 고려해야 할 위험이나 한계는 무엇일까?

Ⅲ. AI의 교육적 활용에 따른 윤리적 고찰의 필요성

새로운 기술의 등장은 늘 기회와 도전을 동시에 가져온다. 기술 혁신이 생산성과 효과성을 극대화하며 사회 전반에 긍정적인 영향을 미치기도 하지만, 기존의 질서를 흔들며 새로운 갈등의 불씨가 될 수도 있다. 이와 관련해 산업혁명 시대의 러다이트 운동(Luddite)을 대표적인 사례로 들 수 있다. 기계화가 빠르게 진행되던 19세기 초 영국에서 섬유산업에 종사하던 노동자들은 자동화된 방직기가 그들의 일자리를 위협한다고 판단하고 급기야 공장의 기계를 파괴하는 저항 운동을 전개하게 된다. 이는 단순히 기술에 대한 반대 운동을 넘어 산업화가 야기한 경제적, 사회적 불평등에 대한 문제로 이어졌다. 이러한 사례는 기술 혁신이 가져오는 변화가 반드시 모두에게 긍정적으로만 다가오지 않는다는 점을 시사한다.

특히 AI 기술은 사회적 파급력이 상당하다는 측면에서, 그 활용에 신중한 접근이 요구된다. 예를 들어, AI 기반 채용 시스템이 지원자의 이력서를 평가하는 과정에서 특정 성별이나 인종에 대한 편향된 판단을 내리는 경향을 가진 사례가 보고된 바 있다. 이는 해당 시스템의 AI 훈련 과정에서 사용된 데이터 자체에 내재된 사회적 편견이 여과 없이 모델에 반영되었기 때문에 벌어진 문제로, 결과적으로 이러한 AI 시스템 사용은 특정 계층에 대한 차별을 강화하고 이에 따른 사회적 갈등을 심화할 위험이 있다. 유사한 맥락에서, AI 기반 대출 심사 시스템이 특정 지역이나 소득 계층에 불리한 조건을 적용하는 사례도 있었는데, 이는 AI 기술로 인해 경제적 불평등이 심화할 수 있음을 시사한다.

또한 최근 우리 사회를 크게 흔들어 놓은 일련의 딥페이크(deepfake)[4]

4) 딥페이크(deepfake)는 생성형 AI 기술의 기반이 되는 딥 러닝(deep learning)과 가짜, 합성을 의미하는 페이크(fake)의 합성어로, 실제 인물의 사진이나 영상 또는 음성을 생성형 AI 기술을 활용해 가짜 사진, 영상, 음성 등에 합성·편집해 내는 기술이나 이를 통해 만들어진 합성, 편집물을 의미한다.

오용 사건들은 무분별한 기술의 사용이 얼마나 큰 사회적 파장을 일으킬 수 있는지를 보여 주는 대표적인 사례이다. 기존 사진이나 영상, 음성을 조작해 사실과 다른 콘텐츠를 만들어 낼 수 있는 딥페이크 기술 사용의 문턱이 낮아지면서, 정치, 언론, 금융 등 다양한 분야에서 허위 정보 유포, 명예 훼손, 사기 등의 문제 발생이 우려되고 있다. 특히 정치적 목적으로 조작된 딥페이크 영상이 선거 과정에서 유권자들의 판단을 왜곡하거나, 특정인의 얼굴을 음란물에 합성해 유포하는 범죄 행위가 증가하면서 AI 기술의 악용 가능성과 규제 필요성에 대한 논의가 본격화되고 있다.

AI 기반 맞춤형 교육 역시 개인화된 학습 경험을 제공함으로써 교육의 질을 향상시키고 학습의 기회를 확대할 수 있지만, 그 과정에서 새로운 윤리적 문제를 야기할 가능성을 배제할 수 없다. 가령 AI가 학습 데이터를 분석하여 맞춤형 콘텐츠를 제공한다고 하더라도, 알고리즘의 편향으로 인해 특정 학생들에게 불리한 학습 경로가 제시될 수 있으며, 디지털 접근성이 낮은 지역이나 계층에서는 AI 기반 교육 도구를 충분히 활용하기 어려운 여건으로 인해 오히려 교육 격차를 심화시킬 우려가 있다. 러다이트 운동이 새로운 기술 도입 시 이에 따르는 사회적 영향을 고려해야 함을 시사하듯, 맞춤형 교육을 구현하기 위한 AI의 활용에 있어서도 이러한 기술이 기존의 교육 시스템과 학습자에게 미칠 수 있는 영향을 면밀히 검토하는 것이 필요하다.

이에 따라, 우리 정부 또한 AI 윤리의 중요성을 인식하고, 특히 교육 영역에서 AI의 올바른 활용을 위한 노력을 기울이고 있다. 먼저 2020년에는 범정부 차원에서 「인공지능 윤리기준」이 수립되었다(관계부처 합동, 2020b). 이 기준에서는 사람 중심의 인공지능을 위한 최고의 가치로 '인간성(humanity)'을 설정하고, 이를 구현하기 위해 AI 기술의 개발 및 활용 과정에서 지켜야 할 세 가지 기본 원칙으로 ① 인간의 존엄성 원칙, ② 사회의 공공선 원칙, ③ 기술의 합목적성을 제시하고 있다.

교육 영역에 특화된 AI 윤리기준은 2022년 「교육분야 인공지능 윤리원칙」으로 발표되었다(교육부, 2022). 해당 원칙은 '사람의 성장을 지원하는 인공지능'을 대원칙으로 삼고 있으며, "교육분야 인공지능은 사람의 전 생애에 걸쳐 전인적 성장을 최고 가치로 삼으며, 사람의 인격을 존중하고 개성을 중시하여 사람의 능력이 효과적으로 발휘될 수 있도록 제공되어야 한다"는 점을 강조하고 있다. 아울러 이를 실현하기 위한 10가지 세부 원칙을 함께 제시함으로써 교육 영역에서 AI가 윤리적으로 활용될 수 있는 구체적 방향을 설정하고 있다. 이를 통해 AI 기술이 학습자의 개별적인 성장과 학습 과정에서 보완적인 역할을 하도록 하면서도, 기술의 오남용을 방지하기 위한 최소한의 윤리적 기준을 설정하고 있다.

Ⅳ. 맞춤형 교육을 위한 AI 활용에 따르는 윤리적 이슈

AI 활용에 있어서 발생할 수 있는 윤리적 이슈는 기술과 인간에 의한 요인을 구분하여 다룰 필요가 있다. 기술 자체가 가진 한계로 인해 발생하는 문제와, 기술을 사용하는 인간의 잘못된 의도나 부주의로 인해 발생하는 문제를 구분하는 것은 윤리적 이슈의 원인을 보다 명확하게 드러나게 하여 해결 방안을 논의하는 데 있어 유용하기 때문이다[5]. 이에 본고에서는 [표 Ⅱ-2]와 같이 맞춤형 교육을 위해 AI가 활용되는 세 가지 접점: 관찰·측정, 진단·분석, 처치·조정의 차원을 기준으로 기술 측면과 인간 측면의 윤리적 이슈를 구분해 다루고자 한다.

[표 Ⅱ-2] 맞춤형 교육을 위한 AI 활용에 따르는 주요 윤리적 이슈

차원	기술 측면	인간 측면
관찰·측정	과도한 데이터 요구	감시 기술로의 변질
진단·분석	편향적 판단	판단의 주체성 상실
처치·조정	환각, 필터버블	부정행위·표절, 의존성

1. 관찰·측정 차원

먼저 관찰·측정 차원에서 기술 측면의 윤리적 이슈는 시스템의 과도한 데이터 요구이다. AI 기술이 가진 자율성과 적응성이라는 특성은 바로 데이터에 바탕을 두고 있다. 이에 AI 기반 맞춤형 교육 시스템은 학습자의 학습 패턴과 성취도를 분석하기 위해 필연적으로 다양한 데이터를 수집하게 된다. 하지만 이때 필요 이상의 정보를 과도하게 수집하는 경우 프라이버시 침해 및 데이터 오남용의 위험이 발생할 수 있다. 예를 들어, 학습 최적화를 목적으로 필기 내용, 음성 데이터, 시선 추적

5) AI로 인한 위협(risks)을 분석하기 위한 이론적 프레임워크를 제시한 MIT AI Risk Repository에서도 이러한 접근을 취하고 있다. 해당 연구에서 제시하고 있는 원인 분류 체계(Causal Taxonomy)는 AI 위험을 분석하는 데 있어 위험 발생의 주체(entity)인 인간과 AI를 나눠 고려할 것을 제안하고 있다.

등의 생체 정보를 수집하는 기술이 도입될 수 있으나, 이렇게 수집된 데이터가 학습과 직접적인 연관이 없음에도 불필요하게 저장되거나 활용될 경우, 학생들의 개인정보가 부적절하게 사용될 가능성이 있다.

학습은 다양한 요인의 영향을 받는 복잡한 활동이기에, 이를 제대로 파악하기 위해서는 다면적 관찰이 요구되는 것이 사실이다. 문제는 이러한 관찰을 데이터로 대체하기 위해 학생들에게 다량의 데이터 수집 장치를 사용(또는 착용)하도록 해야 할 것인가에 있다. 특히 학습자의 자율성과 프라이버시가 충분히 고려되지 않은 상태에서 AI 시스템이 학습자의 감정과 행동 데이터를 분석하며 사생활과 관련된 민감한 정보까지 수집하게 될 경우, 학습자는 단순히 AI 시스템의 성능 향상을 위한 데이터 제공자로 전락할 위험이 있다. 나아가, 이처럼 과도하게 수집된 데이터는 개인정보보호 측면에서도 중대한 문제를 야기할 수 있다. AI 시스템이 클라우드 서버나 외부 기관과의 협력을 통해 데이터를 처리하는 과정에서 보안이 취약하면, 학생들의 민감한 정보가 해킹, 내부 유출, 혹은 부적절한 제 3자 제공 등의 방식으로 악용될 위험이 있다. 특히, 앞서 우려한 바와 같이 AI 시스템이 학습자의 다양하고 방대한 데이터를 축적하고 있다면 이러한 개인정보 유출의 여파는 더욱 심각해질 수 있다.

다음으로 관찰·측정 차원에서 인간 측면의 이슈는 관찰의 수준을 넘어 감시가 목적이 되는 기술의 활용이다. 앞서 언급한 바와 같이 AI 기반 맞춤형 교육을 실현하는 데 있어 개별 학습자의 특성을 세밀하게 파악할 수 있는 마이크로 데이터의 확보는 필수적이다. 다양한 기술을 활용해 입체적으로 학습자를 관찰하고, 마이크로 데이터를 더욱 정교하게 수집한다면 소위 '초개인화된' 학습 환경의 구축 가능성이 커진다. 이에 최근 교육 분야에서는 멀티모달(multi-modal) 교육 데이터에 대한 관심이 커지고 있으며, 이러한 데이터를 바탕으로 개별 학습자에게 더욱 최적화된 학습 경험을 제공하려는 노력이 이어지고 있다(이명진 외, 2023).

그러나 이러한 데이터가 자칫 잘못된 목적으로 활용될 경우 감시의 도구로 전락할 위험이 있다. 이와 관련된 사례로 2019년 홍콩 민주화 시위 당시, 시위대를 추적하기 위한 목적으로 AI 안면 인식 기술이 사용되었다는 의혹을 들 수 있다. 당시 시위대가 감시용 AI 시스템의 '눈' 역할을 하는 CCTV를 무력화하기 위해 레이저 포인터를 사용하는 모습이 여러 매체를 통해 보도된 바 있다. 이는 개개인을 식별할 수 있는 마이크로 데이터가 오용될 경우, 얼마나 심각한 문제를 야기할 수 있을지를 여실히 보여 준다. 해당 기술은 실종아동 찾기나 수배범 검거 등의 목적으로 사용될 수 있지만, 동시에 시민 감시와 통제 수단으로 악용될 위험성도 내포하고 있는 것이다. 이러한 기술의 양면성은 AI 기반 맞춤형 시스템에도 동일하게 적용될 수 있다. 예를 들어, 원격 교육 환경에서 AI가 학생들의 시선 추적과 화면 집중도를 모니터링하는 기술이 활용될 경우, 관찰 결과를 학습 환경을 개선하기 위한 목적으로 활용할 수 있지만, 동시에 교사의 통제력 강화를 위한 목적으로 사용되어 학생들에게 과도한 심리적 압박을 가하고 학습자의 자율성과 프라이버시를 침해할 가능성도 있는 것이다.

2. 진단 · 분석 차원

진단 · 분석 차원에서 고려해야 할 기술 측면의 윤리적 이슈 중 하나는 편향적 판단의 위험이다. 이 단계에서 AI 기술은 관찰·측정 과정에서 수집된 데이터를 기반으로 개별 학습자의 특성을 분석하고, 해당 교육 맥락에서 의미있는 진단을 수행함으로써 최적의 학습 경험을 제공하기 위한 기초 자료를 마련한다. 그러나 AI가 편향된 데이터나 알고리즘을 기반으로 왜곡된 판단을 내릴 경우, 특정 집단에 불리한 결과를 도출하여 교육의 공정성을 해칠 위험이 있다. 예를 들어, AI 시스템이 특정 거주 지역이나 사회경제적 배경을 가진 학생들이 상대적으로 높은(또는 낮은) 성취도를 보일 가능성이 크다고 판단하게 되면, 이는 학습 기회의 불평등을 심화하는 결과를 초래할 수 있다. 또한, AI가 이러한 예측 과정에서 실제 학습 능력이 아니라 과거의 성적에 기반한 판단을 내릴 경우, 학습자의 잠재력을 제한하는 결과를 초래할 수도 있다.

실제로 영국에서는 코로나19 사태로 인해 정식 시험을 치르지 못한 고교 졸업반 학생들의 학점을 부여하기 위해 AI 기반 학점 배정 시스템을 적용하였으나, 심각한 형평성 논란을 초래한 바 있다. 문제의 시스템은 학생의 학점을 예측하기 위해 개별 학생의 전년도 성적 패턴, 교사의 예측 학점뿐만 아니라 소속 학교의 역대 학업 능력을 함께 고려하였는데, 이는 결과적으로 부유층의 비율이 높은 사립학교 학생들에게 유리한 요소로 작용하여 교육 환경이 좋은 부유한 지역 출신 학생들은 예상보다 높은 성적을 받았지만, 교육 환경이 열악한 지역의 학생들은 과소평가로 인해 오히려 낮은 성적을 받는 문제가 발생했다. 이 사례는 AI가 객관적인 평가를 수행할 것이라는 기대와 달리, 기존의 사회적 불평등을 그대로 반영하거나 오히려 강화할 위험이 있다는 점을 여실히 보여 준다.

이어서 진단·분석 차원에서 인간 측면의 주요 이슈는 AI 활용으로 인한 주체성 상실의 위험에 있다. 교육영역에서 우리가 주목해야 할 부분은 바로 교수·학습 활동 전반에 걸쳐 요구되는 다양한 판단의 권한과 책임이 인간, 즉 교수자와 학습자를 비롯한 여러 교육 주체들에게 있다는 점이다. 실제로 현행 개인정보보호법에서는 "정보주체는 인공지능 기술을 적용한 시스템을 포함한 완전히 자동화된 시스템으로 개인정보를 처리하여 이루어지는 결정('자동화된 결정'이라고도 함)이 자신의 권리 또는 의무에 중대한 영향을 미치는 경우에는 해당 개인정보처리자에 대하여 해당 결정을 거부할 수 있는 권리를 가진다."라고 명시하고 있다. 이는 인간의 개입 없이 AI 시스템이 독립적으로 내리는 결정이 개인의 권리에 미치는 영향을 고려해야 한다는 점을 명시한 것이라 할 수 있다. 따라서 교육 영역에서 AI가 중요한 판단을 수행하는 경우에도, 이러한 결정에 대한 법적·윤리적 책임을 질 수 있는 인간의 개입은 필수적이다. 이는 AI가 중요한 역할을 수행하더라도, 궁극적인 판단과 그에 따른 책임은 여전히 인간에게 귀속됨을 시사한다.

이와 관련해 우리가 경계해야 할 부분은 일반 대중이 AI의 결정을 인간의 결정보다 더 신뢰하는 경향을 보인다는 점이다. 2022년 구글이 인도에서 수행한 연구에 따르면(Kapania et al., 2022), 응답자의 79% 이상이 AI의 결정을 신뢰하고 수용하는 것으로 나타났다. 대중은 음악이나 이동 경로 추천과 같은 저위험 시나리오에서 84.1%의 응답자가 AI의 결정을 받아들이는 것으로 나타났으며, 의료 진단이나 대출 승인, 채용 결정과 같은 고위험 시나리오에서도 73.8%의 응답자가 AI의 판단을 신뢰하고 수용할 의향이 있다고 답했다. 특히 금융 투자나 대출 승인과 같은 민감한 고위험 영역에서 인간 전문가와 AI 시스템의 판단이 모순될 경우, 대중은 AI의 결정을 더 신뢰하는 경향을 보였다. 이는 AI 시스템이 인간과 달리 부정행위나 사기를 통해 이득을 얻으려는 악의적인 의도를 가질 수 없어 공정한 의사결정을 할 것이라는 믿음에서 비롯된 것으로 해석할 수 있다. 또한 AI의 판단을 그대로 따를 경우 다른 사람과의 상호작용이 필요하지 않으며, 신속하게 결론을 낼 수 있다는 편리함 또한 AI에 대한 과도한 신뢰를 갖게 하는 요인으로 작용했다고 볼 수 있다.

이러한 현상은 교육 분야에 시사하는 바가 크다. 만약 AI 기반 맞춤형 교육 시스템이 데이터로부터 학생들의 학습 패턴을 분석하고 교육적 진단을 내리는 과정에서 교사나 학습자 스스로가 AI의 판단을 비판적으로 검토하지 않는다면, 혹여 있을지 모를 잘못된 결정에 따르는 책임과 부담은 누구의 몫이 될까? AI의 판단이 인간의 의사결정을 보조하는 것이 아니라, 오히려 인간이 AI의 결정을 그대로 수용하는 형태로 자리 잡게 된다면? 결국 교육에서 인간의 주체적인 판단 능력이 점차 떨어질 수 있으며, 앞서 제시한 영국의 사례와 같이 AI의 편향적 판단이 교정되지 않은 채 그대로 교육 현장에 적용될 위험도 따른다. 이에 AI 시스템이 도출하는 분석 결과가 해당 교육 맥락에서의 궁극적 목적과 필요에 부합하는지를 점검하는 인간의 노력이 필요하며, 학습 상황에서 궁극적인 의사결정의 주체는 인간이어야 한다는 점을 인식하는 것이 중요하다.

3. 처치 · 조정 차원

한편 처치 · 조정 차원에서 고려해야 할 기술 측면의 주요 이슈로는 환각(hallucination)과 필터버블(filter bubble) 문제가 있다. 이 단계에서는 앞서 내려진 진단 결과를 바탕으로 개별 학생에게 제공될 교육적 처치의 구체적 차이를 구현하기 위해, 학습 경험의 주요 구성 요소를 조정(adjust)하는 것이 핵심이 된다. 이때 주로 사용될 수 있는 AI 기술은 생성형 AI와 다양한 추천 기법이다. 이에 최근 생성형 AI 기술이 대중화되면서 그 심각성이 비교적 널리 알려진 환각 문제가 기술적 이슈로 고려될 필요가 있다. 환각 현상은 생성형 AI가 사전에 학습한 데이터 내에서 존재하지 않는 정보를 마치 사실인 것처럼 만들어 내는 현상으로, 일각에서는 '그럴듯한 거짓말'이라고도 불린다. 이러한 문제를 해결하기 위해 최근에는 도메인 특화 데이터(예: 교과서에 포함된 텍스트)를 모델의 추가적인 학습 데이터로 활용하고 별도의 필터링 알고리즘을 도입해 후처리하거나, 학습 데이터에 포함되지 않은 비교적 새로운 정보를 다루고자 검색 결과를 참고해 보다 신뢰할 수 있는 답변을 생성하는 RAG(Retrieval - Augmented Generation) 기법, 지식 그래프와 같은 외부 데이터베이스와 연결해 정보의 신뢰도를 높이는 지식 주입(knowledge injection) 기법을 적용하는 등 다양한 노력이 이루어지고 있다. 그러나 정보검색(information retrieval)과 같이 신뢰할 수 있는 출처에서 직접적으로 사실을 '조회'하는 방식과는 달리, 현시점에서 생성형 AI 기술은 대규모 데이터로부터 언어의 패턴과 의미 구조를 학습하고, 이를 바탕으로 주어진 문맥에서 다음에 등장할 단어(토큰)를 '확률적'으로 생성하는 방식으로 동작하기 때문에 환각 현상을 완전히 해결하긴 어렵다. 교육영역에서 환각은 부정확한 학습 자료 제공, 잘못된 피드백 생성 등의 위험을 초래할 수 있으며, 실제로 대규모의 학생을 위한 1:1 맞춤형 피드백 제공을 위해 생성형 AI를 활용했던 한 연구에서는 생성형 AI가 교육 맥락에 부합하지 않은 내용의 결과물을 내놓는 경우가 확인되었으므로 이에 유의하여 생성형 AI 기술 활용 계획을 수립해야 한다고 지적한 바 있다(한정윤 외, 2023)[6].

생성형 AI와 함께 학습 경험의 조정을 위해 활용될 수 있는 추천 기법은 기본적으로 사용자의 콘텐츠 소비 이력을 바탕으로 가장 관련성이 높은, 즉 연이어 소비될 만한 다음 정보를 제안하는 기술을 의미한다. 특정 서비스에서 제공되는 정보의 양과 종류가 상당한 수준으로 늘어난 경우, 사용자는 선택의 어려움을 겪게 되면서 원하는 정보를 효율적으로 탐색하기 어려워진다. AI 추천 알고리즘은 이러한 문제를 해결하기 위해 AI 기술을 활용해 사용자에게 최적화된 정보를 제안함으로써, 서비스 탐색 과정의 편의성을 높인다. 나아가 개인화된 경험을 통해 정보 접근의 효율성을 제고하는 동시에 시스템이 설정한 목표(예: 사용자 만족도 증가, 체류 시간 연장 등) 달성에도 기여한다. 이러한 AI 추천 알고리즘을 활용하는 대표적인 사례로 동영상 스트리밍 서비스, 전자상거래 플랫폼, 소셜미디어 피드, 음악 추천 시스템 등을 들 수 있다.

그러나 이러한 추천 알고리즘은 필터버블(filter bubble)과 같은 문제를 초래할 수 있다. 필터버블이란 시스템이 개인의 취향이나 선호도에 부합하는 정보만을 선별적으로 골라 제공함으로써 사용자가 다양한 관점이나 새로운 정보를 접할 기회를 잃게 되는 현상을 뜻한다. 이 용어는 추천 알고리즘이 사용자가 싫어할 만한 정보를 '걸러'내는 필터로 동작해

6) 구체적으로 해당 연구에서는 생성형 AI가 피드백 내용으로 학사 규정에 없는 '장학금 제도'를 작성(생성)한 문제를 언급하고 있다. 문제의 피드백은 배포 전 인간(연구진, 담임교사)의 검토 절차 덕분에 학생들에게 제공되지 않았다고 보고하고 있다.

사용자가 좋아할 만한 정보로만 주변을 둘러싸는 모습을 묘사한다. 사용자는 결국 특정 정보에만 노출되어 정보 편향이 강화되는 결과를 초래할 수 있다. 이러한 문제는 교육적 맥락에서도 발생할 수 있다. AI 기반 학습 콘텐츠 추천 시스템의 경우 학습자의 선호도와 학습 이력을 바탕으로 가장 관련성이 높은 교육 자료나 강의 영상을 자동으로 추천함으로써 학습 경험을 최적화할 수 있을 것이라 기대할 수 있다. 하지만 이러한 콘텐츠 추천 절차가 지나치게 학습자의 개인 특성에만 의존한다면 필터 버블 현상이 발생할 수 있다. 즉 학습자의 취향이나 선호에 따라 특정 주제나 학습 방식에 국한된 콘텐츠만을 반복해서 추천할 경우, 학습자는 유사한 유형의 자료만 소비하게 되어 새로운 시각이나 도전적인 활동을 접할 기회를 잃게 될 것이다. 이러한 문제는 특히 다양한 관점을 고려해 종합적·비판적 결론을 이끌어 내야 하는 교과 영역에 더욱 나쁜 영향을 미칠 수 있다.

처치·조정 차원에서 고려해야 할 인간 측면의 이슈로는 부정행위와 표절, 그리고 과도한 기술 의존성을 들 수 있다. 생성형 AI 기술은 기존과는 격이 다른 적응형 학습 처치의 가능성을 열어 줌과 동시에, 그 생성 결과물에 대한 지적 재산권의 범위와 인정 기준을 둘러싼 사회적 논쟁을 촉발하고 있다. 가령 학습자가 과제 수행 과정에서 AI가 생성한 텍스트, 이미지, 코드 등을 활용하는 경우, 어디까지를 학습자의 창작물로 인정할 수 있을까? 이에 대한 명확한 기준을 마련하는 것은 쉽지 않다. 또한 학습자가 AI가 제공한 결과물을 단순히 복사·붙여넣기 방식으로 활용할 경우, 비판적 사고력과 창의적 문제해결 능력과 같은 학습의 본질이 훼손될 수 있다는 우려의 목소리가 높아지고 있다(Kasneci et al., 2023).

이에 다양한 교육적 상황을 고려한 생성형 AI 활용 가이드라인이 제시되고 있으나, 이를 준수하도록 강제하기는 어렵고, AI가 생성한 결과물을 탐지하기 위한 여러 도구가 개발·출시되고 있지만 100%의 정확도를 보장할 수는 없다. 생성형 AI 기술이 점점 더 정교해지고 있는 상황을 감안할 때, 이러한 기술의 활용 과정에서 발생하는 세부적인 윤리적 판단은 여전히 개별 사용자에게 의존할 수밖에 없을 것이다. 이와 관련된 논의는 현재 진행형이며, 최근 생성형 AI 기술의 급격한 발달 속도를 고려하면 앞으로 이러한 논의는 더욱 심화할 것으로 예상된다.

아울러 AI가 학습 자료를 새롭게 생성하거나 재구성하는 과정에서, 기존의 콘텐츠를 활용한 결과물이 저작권을 침해할 가능성이 있다. 예를 들어, AI가 기존의 교재나 논문을 학습하여 새로운 콘텐츠를 생성한 경우, 저작권자의 동의 없이 기존 자료가 활용되었을 가능성을 배제할 수 없다. 이는 저작권 분쟁으로 이어질 수 있는데, 실제로 생성형 AI 기술을 제공하는 사업자와 원저작권자 간의 법적 분쟁이 벌어지고 있는 상황이다(법률신문, 2024). 한편, AI 기술에 대한 과도한 의존 문제는 학습자와 교수자가 지녀야 할 고유의 주체성을 상실케 할 수 있다는 점에서 유의할 필요가 있다. AI 기반 학습 환경이 학습자의 학습 수준을 실시간으로 분석하여 즉각적인 답변과 맞춤형 학습 경로를 제공하는 것은 효율성과 효과성 측면에서 긍정적인 효과를 기대할 수 있지만, 이러한 시스템에 학습자가 지속적으로 노출될 경우 스스로 탐구하고 비판적으로 사고하며 창의적인 해결책을 모색하는 지난한 노력을 줄이고, 시스템이 제공하는 결과물을 의존적으로 이용하려는 성향이 강화될 여지가 있다(Zhang & Xu, 2024).

아울러 인간 교사가 제공해 온 정서적 지원과 개별적 관심을 대체하는 방식으로 이러한 시스템이 활용될 경우, 교수·학습 과정에서 인간적 상호작용이 줄어들게 되어 학습자의 사회정서적 발달에 부정적 영향을 미칠 수 있는 위험이 있다(Wei et al., 2024). 교사 또한 AI 기술이 제공하는 지원에 과도하게 의존하게 될 경우, 교육의 주도권이 인간에서 기술로 이동하는 문제가 발생할 수 있다. 전통적으로 교사는 학습자의 사고 과정과 감정 상태를 직접 관찰하며, 학생 개개인의 학습 패턴과 강·약점을 분석해 적절한 교육적 지원을 제공해 왔다. 그러나 AI가 이러한 역할을 대신하도록 할 경우 학생 이해 능력을 포함한 교사의 교육적 직관(intuition)이 약화될 가능성이 있다. 데이터에 기반한 AI의 분석이 정밀할 수는 있지만, 앞서 우려한 바와 같이 학습과 관련된 모든 측면을 완전히 데이터화할 수 없다는 한계를 감안하면, 오랜 경험을 통해 습득하는 교사의 직관은 기술의 한계를 보완하는 데 필수적인 역할을 하기에 소홀히 여길 수 없다.

또한 AI가 학생 수준에 맞춰 자동으로 학습 경로를 조정하고 피드백을 제공하는 과정이 반복될 경우, 교사는 학습 목표에 따라 학습 활동을 기획하고 적절한 자료를 구성하는 과정에서 점차 소외될 수 있다. 결국 이러한 과정이 지속되면 교사의 교수법 개발과 수업 운영과 관련된 전문성이 저하될 우려가 있다. 이처럼 AI 기술이 교사의 역할을 보완하는 것이 아니라 대체하는 방향으로 활용될 경우, 교사는 교육의 주도권을 잃고 AI가 제공하는 자동화된 학습 환경을 단순히 운영하는 역할에 머무를 가능성이 커진다. 이는 교육의 본질적 의미와 가치를 훼손하고, 교육의 인간적 요소를 희석시키는 결과를 초래할 수 있다.

V. 우리에게 부여된 책임과 과제

AI 기술은 빠르게 발전하고 있으며, 최근 생성형 AI 기술의 등장과 함께 그 확산 속도는 더욱 가속화하고 있다. 세계 3대 컨설팅 업체 중 하나인 베인앤드컴퍼니(Bain & Company)는 AI 시장이 매년 40~55%씩 성장해 2027년에는 약 1조 달러(한화 약 1천330조 원)에 이를 것으로 전망한 바 있다. 이러한 흐름 속에서 교육의 디지털 전환은 더 이상 선택이 아닌 필연이라 할 수 있으며, 교육의 본질을 다시금 생각하게 하고 기존의 체제를 재구성하는 거대한 변화를 야기하고 있다. 최근 전 세계적으로 맞춤형 교육을 위한 AI 기술 도입이 본격화되는 가운데, 우리는 이러한 기술이 가진 가능성과 한계를 균형 있게 고려하여 안전하고 효과적인 새로운 교육 환경을 구축하는 데 공동의 노력을 기울여야 할 필요가 있다. AI가 올바른 교육의 혁신을 촉진하는 도구로 자리 잡을 수 있도록, 기술적 진보뿐만 아니라 윤리적·사회적 측면에서의 철저한 검토와 대응이 병행되어야 할 때이기에, 우리가 함께 고려해야 할 책임과 과제를 다음과 같이 정리해 보고자 한다.

먼저, AI 활용 과정에서 발생할 수 있는 다양한 윤리적 위험성을 민감하게 인식하고 대응할 수 있는 윤리적 감수성(sensitivity)을 강조해야 한다. 앞서 다룬 여러 윤리적 이슈는 맞춤형 학습 상황에 국한해 우선적 논의가 필요한 문제를 중심으로 구성한 것으로, AI 활용의 기반이 되는 디지털 학습 환경에서는 또 다른 여러 윤리적 이슈가 남아 있다. 특히 기술이 더욱 발전하고 변화하면서 기존 문제 상황의 지형 구조가 근본적으로 변하거나, 전혀 다른 새로운 종류의 이슈가 등장할 수도 있다. 이를 위해 교육 활동 전반에 있어서 인간성의 가치를 민감하게 알아차리고 이를 소중히 여기며 보호할 수 있는 감수성이 필요한 것이다. 이에 AI 윤리와 관련된 별도의 교육을 강화할 필요가 있으며 AI가 우리의 삶 전반에 영향을 미치는 기술인 만큼, 이러한 교육이 단순히 기술이나 윤리 관련 교과나 영역에서만 이루어지는 것이 아니라, 거의 모든 교육의 과정에 포함되도록 해야 할 것이다. 또한, AI 기술을 개발하는 엔지니어와 교육 정책 결정자들도 교육에 대한 이해를 바탕으로, 윤리적 감수성을 함양할 수 있는 기회가 제공될 수 있도록 이러한 교육의 폭을 확대할 필요가 있다.

다음으로 교육 활동에서 인간의 주도성과 책임감 회복이 중요하다. 맞춤형 교육의 구현 관점에서 AI는 다양한 역할을 할 수 있으며, 기술이 발전함에 따라 그 활용의 폭은 더욱 확대될 것이다. 하지만 주지한 바와 같이 교육의 본질적인 특성상 AI가 인간을 완전히 대체할 것이라 기대하긴 어렵다. 이에 교육 활동의 중심은 인간이라는 점을 항상 염두에 두고, 다양한 교육 장면에서 AI와 인간이 조화롭게 협력하는 관계를 구축해야 한다. 이를 위해 교사는 AI를 자신의 교육 활동을 지원하는 협력적 파트너로 인식해야 하고, 학생 역시 AI를 자신의 학습을 돕는 조력자로 활용하는 태도를 가져야 하며, 이때 AI 시스템이 제공하는 지원과 조력을 비판적으로 수용해야 할 것이다. 이처럼 교육 활동에 있어서 궁극적인 책임의 주체는 인간이라는 명확한 인식을 바탕으로 주도적으로 기술을 활용하고 그 결과에 대한 책임을 다할 수 있는 자세가 필요하다.

마지막으로 AI 기술의 윤리적 활용에 대한 지속적 논의와 합의가 다양한 수준에서 이루어질 필요가 있다. AI 기술은 계속 발전하고 그 활용 방식 또한 더욱 다양해질 것이다. 이러한 변화 속에서 한 번 정한 제도와 규칙이 오랫동안 유효하기는 어렵다. 즉 기술 발전과 함께 교육 정책과 윤리적 기준도 지속적으로 검토되고 조정될 필요가 있는 것이다. 이 과정에서 우리는 "교육을 통해 인간이 배우고 익혀야 하는 것이 무엇인가?"라는 본질적 질문에 대한 답을 얻기 위한 노력을 기울여야 할 것이다. AI 기술이 교육의 혁신을 불러올 것이라는 기대는 가능하지만, 기술 자체가 교육의 목적이 되어서는 안 되며, 교육의 본질과 가치를 추구하는 방향으로 활용되어야 할 것이다.

AI는 새로운 디지털 기반 교육 환경에 없어서는 안 될 핵심 기술이다. 이는 마치 한식 요리에서 빠질 수 없는 '장'같은 존재라 할 수 있다. "구더기 무서워 장 못 담글까"라는 우리 속담처럼, 꼭 필요한 일이라면 불가피한 어려움을 감수해야 한다는 자세로 오늘과 미래의 변화를 대비해야 할 때이다. 사회 전반에서 디지털 전환이 빠르게 진행되고, 교육 환경 또한 그 흐름에 발맞춰 변화하는 현시점에서, 우리에게 부여된 책임과 과제가 무엇인지 고민하고 그 답을 얻기 위한 논의를 치열하게 이어 가야 할 것이다. AI 시대의 교육혁신은 단순한 기술의 도입이 아니라, 교육의 본질적 가치를 바탕으로 새로운 가능성을 모색하는 지속적인 성찰과 실천 속에서 완성될 것이기 때문이다.

참고문헌

관계부처 합동(2020a). 인공지능시대 교육정책방향과 핵심과제. 보도자료.

관계부처 합동(2020b). 사람이 중심이 되는 인공지능(AI) 윤리기준.

관계부처 합동(2022). 디지털 인재양성 종합방안.

관계부처 합동(2023). 에듀테크 진흥방안.

교육부(2022) 사람의 성장을 지원하는 교육분야 인공지능 윤리원칙.

교육부(2024a). 디지털 기반 수업혁신 교사 역량 강화지원 방안. 보도자료.

교육부(2024b). 학교 디지털 인프라 질적 개선 방안. 보도자료.

박소정(2018.10.11.). "이력서에 '여성' 들어가면 감점"…아마존 AI 채용, 도입 취소. 조선일보. https://www.chosun.com/site/data/html_dir/2018/10/11/2018101101250.html (2025.1.18. 검색)

법률신문(2024.9.11.). 생성형 AI의 저작권법 상 쟁점과 주요 분쟁 사례.https://www.lawtimes.co.kr/LawFirm-NewsLetter/201296 (2025.2.28. 검색)

이명진, 한정윤, 원성준, 신효정, 김동호, 황혜영, ... & 김동주. (2024). 맞춤형 학습지원을 위한 다중양식 학습분석 지표 선정.*교육정보미디어연구*,*30*(4), 1185-1210.

이정국(2019.10.24.). 홍콩 경찰, 시위대 AI 안면인식 시스템 갖춰. SBS뉴스. https://news.sbs.co.kr/news/endPage.do?news_id=N1005493271&plink=COPYPASTE&co (2025.1.18. 검색)

주종국(2024.9.25.). AI 시장, 4년 만에 5배 커져…2027년에 1조달러 육박. 연합뉴스. https://www.yna.co.kr/view/AKR20240925117200009 (2025.1.18. 검색)

정의길(2024.07.14.). AI가 준 학점, 가난한 학생을 차별했다. 한겨레. https://www.hani.co.kr/arti/international/europe/959055.html (2025.1.18. 검색)

한정윤, 손찬희, 황은희, 김은영, 장혜승, 정혜주, 박효진, 허선영, 최대영 (2023). AI기반 맞춤형 교육의 현황과 과제. 한국교육개발원

한정윤, 구예리, & 김수진. (2023). 챗 GPT 를 활용한 맞춤형 피드백 생성 및 효과 분석.*교육정보미디어연구*,*29*(4), 1123-1151.

Grewal, D. S. (2014). A critical conceptual analysis of definitions of artificial intelligence as applicable to computer engineering. *IOSR Journal of Computer Engineering, 16*(2), 9-13.

Kasneci, E., Seßler, K., Küchemann, S., Bannert, M., Dementieva, D., Fischer, F., ... & Kasneci, G. (2023). ChatGPT for good? On opportunities and challenges of large language models for education. *Learning and individual differences, 103,* 102274.

Morris, M. R., Fiedel, N., Warkentin, T., Dafoe, A., Faust, A., Farabet, C., & Legg, S. (2023). Levels of AGI for Operationalizing Progress on the Path to AGI. *ArXiv*. https://arxiv.org/abs/2311.02462

Shum, S. B. (2012). Learning Analytics, UNESCO Policy brief, UNESCO IITE.

Kapania, S., Siy, O., Clapper, G., Sp, A. M., & Sambasivan, N. (2022, April). "Because AI is 100% right and safe": User attitudes and sources of AI authority in India. In*Proceedings of the 2022 CHI Conference on Human Factors in Computing Systems*(pp. 1-18).

Wei, X., Chu, X., Geng, J., Wang, Y., Wang, P., Wang, H., ... & Lei, L. (2024). Societal impacts of chatbot and mitigation strategies for negative impacts: A large-scale qualitative survey of ChatGPT users. *Technology in Society, 77,* 102566.

Zhang, L., & Xu, J. (2025). The paradox of self-efficacy and technological dependence: Unraveling generative AI's impact on university students' task completion. *The Internet and Higher Education, 65,* 100978.

제3장

AI 디지털교과서의 윤리적 이슈와 활용

김형주

제3장
AI 디지털교과서의 윤리적 이슈와 활용

김형주

Ⅰ. 교육의 새로운 화두 - AI 디지털교과서

IT 기술의 발전은 우리 삶의 다양한 영역에서 급속히 진행되었고, 그 영향에 의한 변화도 빠른 속도로 일어나고 있다. 컴퓨터와 검색엔진이라는 IT 기술의 활용이 어느덧 전통적인 방법론으로 치부되기 시작한 것은 AI의 등장이 그 원인이기도 하다. 특히 과거에 군사, 금융 등 전문적인 영역에서 주로 사용되었던 인공지능과 로봇은 레저, 스포츠, 교통 등 일상적인 영역으로 확산 중인데, 구글(Google)과 테슬라(Tesla) 등 주요 IT 기업에서는 경쟁적으로 자율주행자동차의 개발과 시험을 진행하고 있으며, 아마존(Amazon) 등 글로벌 물류 기업들은 드론(또는 UAV: Unmanned Aerial Vehicle)을 이용한 배달 등 각종 서비스 사업을 추진하고 있다(이영주, 신은희, 박지영, 2017). 특히 최근의 ChatGPT 등 오픈형·대화형 인공지능 서비스의 확산은 사회의 다양한 방면에 큰 영향을 미치고 있다.

우리나라 교육에서도 디지털 기술을 접목하여 그 효율성과 효과성을 극대화하기 위한 노력은 오래 전부터 정부 주도로 추진되었다. ICT 활용 교육에서 이러닝 교육으로, 그리고 디지털교과서로 발전하였고 이제는 AI 기술이 접목된 AI 디지털교과서 도입이 추진되고 있다. ICT 활용 단계에서는 기존의 교육에 다양한 멀티미디어를 보조적으로 사용하였으며, 이러닝 교육 단계는 보다 적극적인 교육용 콘텐츠가 대두되었고, 디지털교과서 단계에서는 수업에서 다루는 교과서 자체를 디지털화하는 시도가 이어졌다.

기존 디지털교과서 도입 정책 때에도 학계와 교육 현장에 많은 논쟁(이문학, 2015; 배영민, 2016)이 있었던 만큼 최근 도입이 추진되고 있는 AI 디지털교과서 역시 과열이라 할 만큼 적지 않은 논란을 불러일으키고 있다. 이는 기존 디지털교과서에서 우려되었던 인터넷 과몰입 같은 문제뿐만 아니라 AI 기술이 접목됨으로서 AI 기술 자체가 가진 윤리적 문제도 같이 대두된 까닭이라고 생각한다.

그동안 정부는 2008년부터 디지털교과서 개발 사업을 진행하였고, 2018년 부터는 2015 개정 교육과정에 따른 실감형 콘텐츠 디지털교과서 사업을 추진한 바 있다. 다음의 [그림 Ⅲ-1]은 교육부가 그동안 추진한 디지털교과서 사업의 진행현황을 보여 주고 있다.

본 글에서는 AI 디지털교과서의 교육적 효과에 대해서 보다는 윤리적 측면에 대해 논의하고자 한다. AI 디지털교과서는 학생 개개인에게 맞춤형 학습을 제공하는 도구로 제시되고 있다. 하지만 AI 기술에 대한 여러 윤리적 문제가 제기되고 있는 만큼 교육에서의 적용도 그 활용 과정에서

[그림 Ⅲ-1] 교육부의 디지털교과서 사업 추진현황

출처 : 교육부(2023). AI 디지털교과서 추진방안(안). 교육부 내부자료. p. 3.

파생되는 윤리적 문제를 점검하고 대응할 필요가 있다. 따라서 여기서는 AI 디지털교과서의 도입이 바람직한지 혹은 효과적인지를 논하기보다는 정부가 중점 추진하고 있는 AI 디지털교과서가 사용되는 경우에 어떤 윤리적 이슈가 있으며 이에 대해서 교육의 각 주체들이 어떻게 대응하는 것이 필요한가에 대해 살펴보고자 한다.

Ⅱ. AI 디지털교과서의 개요

1. AI 디지털교과서란 무엇인가

디지털교과서란 기존 서책형 교과서의 교과 내용에 용어 사전, 멀티미디어 사전, 실감형콘텐츠, 평가 문항, 보충·심화 학습 등 풍부한 학습 자료와 학습 지원 및 관리 기능이 추가되고 에듀넷 등 외부자료와 연계가 가능한 학생용 교과서라고 정의하고 있다(교육부·한국교육학술정보원, 2025). 이에 반해 AI 디지털교과서란 학생 개인의 능력과 수준에 맞는

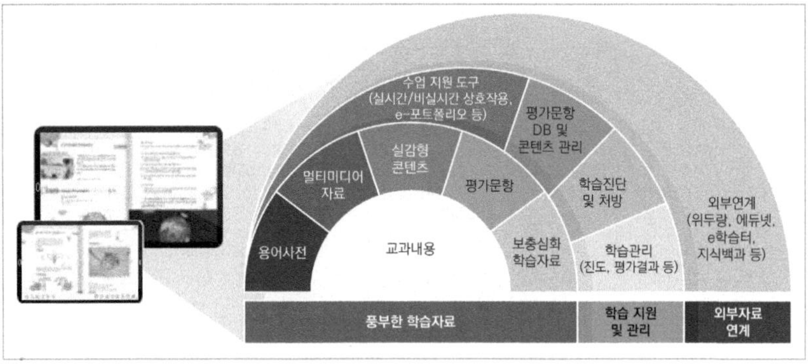

[그림 Ⅲ-2] 디지털교과서 구성 체계

출처: 교육부·한국교육학술정보원(2020). 디지털교과서 건강하게 활용하기. p. 4. https://dtbook.edunet.net/pdf/dt_smart_tea.pdf. 2025.01.21 인출.

다양한 맞춤형 학습 기회를 지원할 수 있도록 인공지능을 포함한 지능정보 기술을 활용하여 다양한 학습자료 및 학습지원 기능 등을 탑재한 교과서라고 제시하고 있다. 그 주요 특징은 AI에 의한 학습 진단과 분석(Learning Analytics), 개인별 학습 수준과 속도를 반영한 맞춤형 학습(Adaptive Learning), 학생의 관점에서 설계된 학습 코스웨어(Human - centered Design)로 개념화하고 있다(교육부, 2023).

[그림 Ⅲ-3]은 AI 디지털교과서의 핵심 서비스를 학생, 교사, 공통으로 구분하여 제시하고 있다. 기존 디지털교과서와 차별화된 서비스로는 학생 서비스에서 맞춤형 학습지원 AI튜터, 교사 서비스에서 수업설계와 맞춤 처방 지원을 하는 AI 보조교사 등 AI 기술을 접목하고 있는 점이다.

교육부에 따르면 AI 디지털교과서가 하이터치 하이테크(High-touch High-tech) 교육으로서 학생의 학업성취 수준과 학업 흥미에 맞는 목표와 과제 부여, 느린 학습자를 위한 추가 학습과 동기 부여 등 맞춤형 학습

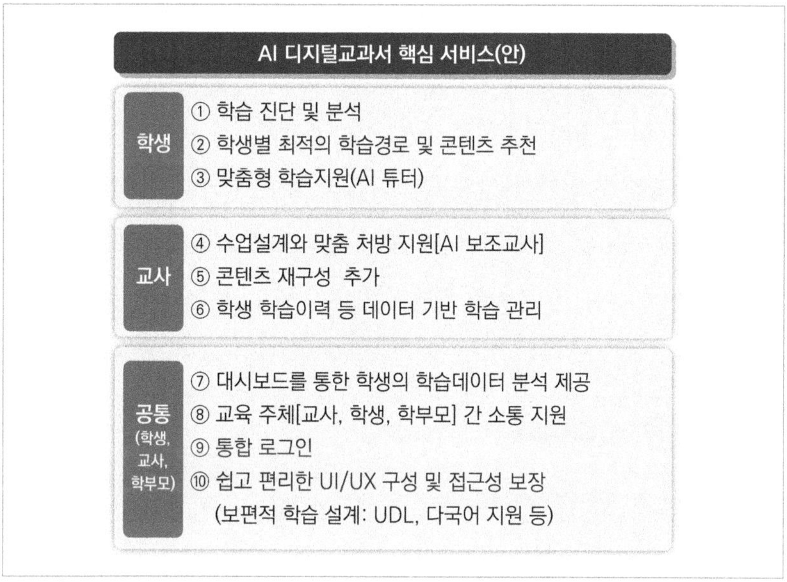

[그림 Ⅲ-3] AI 디지털교과서 핵심 서비스(안)

출처 : 교육부(2023). AI 디지털교과서 추진방안(안). 교육부 내부자료. p. 9.

환경을 조성하며, 학급별 학습 준비도나 단원별 흥미를 고려하여 토론 수업, 프로젝트 수업, 플립 러닝(거꾸로 학습) 등 수업 방식 및 수준 설계 등 수업혁신이 가능하다고 한다. 그리고 학생의 학업 참여도 및 학업 흥미도 추이 등을 관찰하여 특이점 발견 시 정서 상담과 데이터를 고려한 진로상담 실시 및 사회·정서적 지도가 가능하고, 데이터에 기반한 학생 평가 및 학생부 기록 지원을 한다고 그 활용성을 강조하고 있다. 또한 기대 효과로서 학생은 최적화된 맞춤형 학습 콘텐츠로 배우고, 교사는 데이터 기반으로 수업을 디자인하고, 학부모는 자녀의 활동 정보를 풍부하게 제공받을 수 있는 교육 현장의 변화를 제시하고 있다(교육부, 2023)

2. AI 디지털교과서의 기능과 효과 논의

지금까지 AI 디지털교과서의 기능으로 공통적으로 제시되어 온 사항을 교수-학습적 측면에서 살펴보면 다음과 같이 5가지로 정리해 볼 수 있다. 물론 이와 같은 기능들이 얼마나 편리하고 효율적으로 작동하는지, 얼마나 우수한 수준으로 개발되는지는 별도의 논의가 될 것이다.

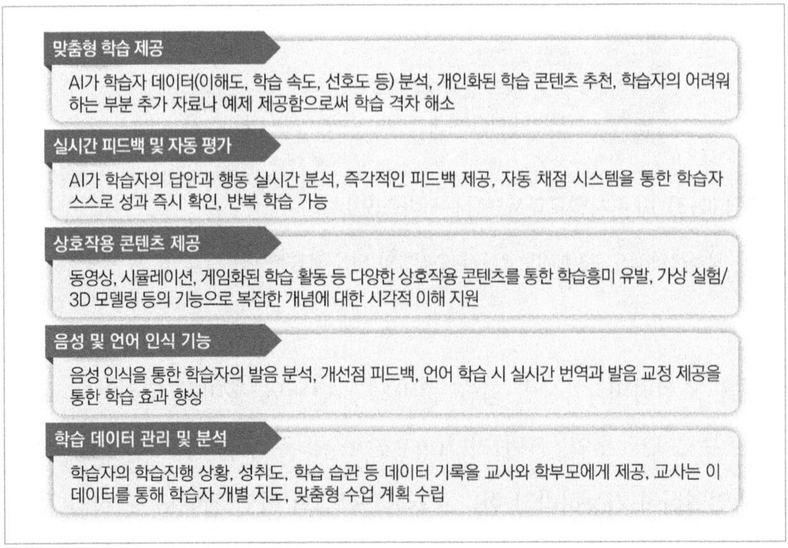

[그림 III-4] AI 디지털교과서의 주요 기능

2016년부터 2019년까지의 디지털교과서 연구학교를 대상으로 한 효과성 검증 결과를 보면, 디지털교과서는 학생의 자기주도적 학습 능력, 창의성 및 혁신능력, 정보활용능력, 협업능력, 비판적 사고, 학습자신감 등 학생 역량 향상에 일관되게 효과가 있으며, 수업의 흥미와 만족도를 높여 주는 것으로 나타났다(교육부 · 한국교육학술정보원, 2020).

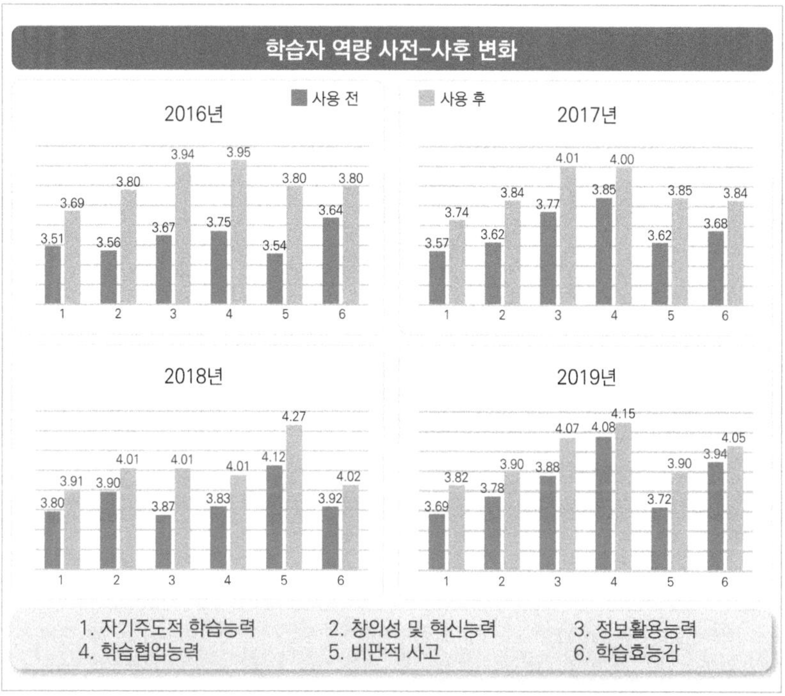

[그림 Ⅲ-5] 디지털교과서 활용의 학습자 역량 사전 - 사후 변화

출처: 교육부 · 한국교육학술정보원(2020). 디지털교과서 건강하게 활용하기. p. 12. https://dtbook.edunet.net/pdf/dt_smart_tea.pdf. 2025.01.21 인출.

또한, [그림 Ⅲ-6]에서 알 수 있듯이 디지털교과서 활용을 통해 교실 수업이 학생진도에 따른 개별학습, 학생 스스로의 학습계획, 외부자료 정보탐색, 친구들과 토의 · 토론, 친구들과 프로젝트 수행 등 학생 활동 중심으로 변화한 것을 보여 주고 있다.

AI 기술이 접목된 AI 디지털교과서 사업에 대한 효과 분석의 경우 AI 디지털교과서 개발이 일부 교과에서 진행되었고 검정이 완료된지 얼마되지 않기 때문에 비교집단을 통한 실험설계법에 따른 효과 검증은

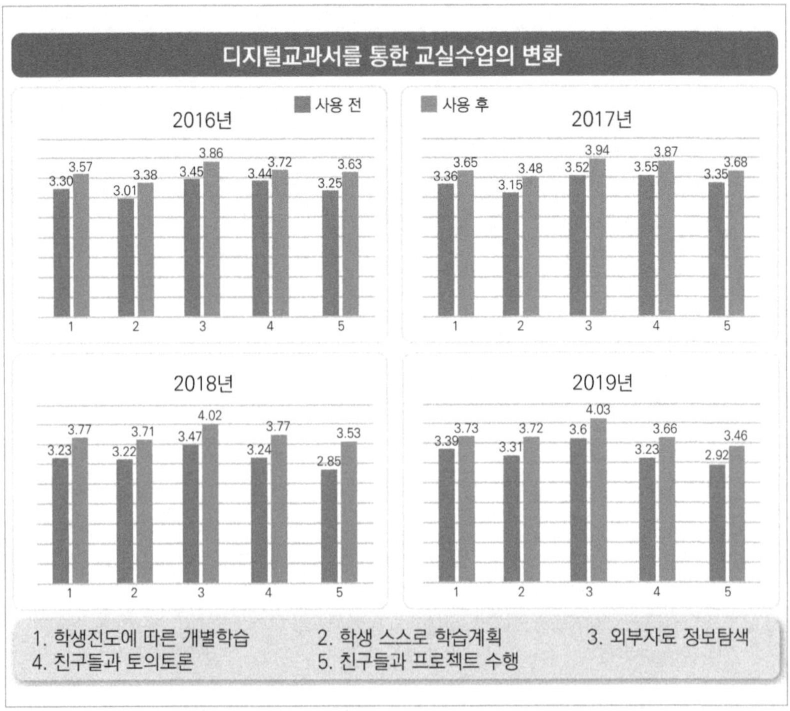

[그림 Ⅲ-6] 디지털교과서를 통한 교실수업의 변화

출처: 교육부 · 한국교육학술정보원(2020). 디지털교과서 건강하게 활용하기. p. 13. https://dtbook.edunet.net/pdf/dt_smart_tea.pdf. 2025.01.21 인출.

아직 제대로 이루어지지 못한 것이 사실이다. 향후 관련 효과성 연구가 수행될 때는 실질적인 처치 효과인지, 시범적 상황에서 발생하는 일시적 호감 효과인지에 대한 다차원 비교를 통한 검증 연구가 이루어질 필요가 있다.

Ⅲ. AI 윤리와 디지털 교육 규범

1. AI 윤리

다수의 전문가들은 인공지능과 로봇의 확산으로 인한 사회·경제적인 부작용과 규범적 이슈에 대비할 것을 주장하고 있는데, 인공지능의 상용화와 자율적 의사결정 범위가 넓어짐에 따른 일자리의 대체, 알고리즘 안전성과 책임성 이슈가 부상하고 있다. 예를 들어 자율주행차의 사고발생 가능성과 사고 시 책임소재, 인공지능 의사의 권고 대로 치료 시 문제가 발생할 경우 책임 소재 등이 있으며, 더 나아가 일부 미래학자들은 인공지능 기술의 잘못된 사용으로 인류의 존속까지 위협받을 것으로 인식하고 있다(이영주, 신은희, 박지영, 2017).

AI 윤리(AI Ethics)에서의 윤리는 개인의 도덕적 행동뿐만 아니라 사회적, 직업적, 기술적 맥락에서의 행동 기준을 뜻한다. 즉, AI 윤리는 AI 기술 및 서비스를 구현하는 과정에서 지켜야 할 기본적인 가치로서 다양한 이해관계자의 관점을 조율하는 사회적 합의, 기술의 발전과 윤리적 쟁점에 대해 올바른 판단을 돕는 윤리적 기준, AI 윤리 가이드를 숙지하고 윤리적 태도를 함양하는 도덕적 자세를 포함한다(한국지능정보사회진흥원, 2025).

과기정통부는 AI 윤리기준을 마련하였는데, 사람 중심의 인공지능을 위한 최고 가치인 '인간성(Humanity)'을 위한 3대 기본원칙과 10대 핵심요건을 제시하였다. 즉, 3대 기본원칙으로 인간성을 구현하기 위해 인공지능의 개발 및 활용 과정에서 인간의 존엄성 원칙, 사회의 공공성 원칙, 기술의 합목적성 원칙을 지켜야 한다. 10대 핵심요건은 이와 같은 3대 기본원칙을 실천하고 이행할 수 있도록 인공지능 개발과 활용 전 과정에서 인권 보장, 프라이버시 보호, 다양성 존중, 침해금지, 공공성, 연대성, 데이터 관리, 책임성, 안전성, 투명성의 요건이 충족되어야 한다고 천명한 바 있다(과학기술정보통신부, 2020).

AI 시스템 환경에서의 윤리적 원칙을 4가지로 구분하여 설명하기도 한다. 첫째, 인간의 자율성에 대한 존중 원칙으로 AI 시스템과 상호작용하는 인간은 자신에 대해 완전하고 효과적인 자기 결정을 유지할 수 있어야 하며 민주적 과정에 참여할 수 있어야 하고, 둘째, 피해 방지의 원칙으로 AI 시스템은 피해를 유발하거나 악화시켜서는 안 되며, 인간에게 불리한 영향을 주어서는 안 된다. 셋째, 공정성의 원칙으로 AI 시스템의 개발, 배치 및 사용은 공정해야 하며, 넷째, 설명 가능성의 원칙으로 개발과 사용 프로세스가 투명해야 하고, AI 시스템의 역량과 목적이 공개적으로 전달되어야 하며, 가능한한 직간접적으로 영향을 받는 사람들에게 설명 가능해야 한다(김창화, 2020).

한국지능정보사회진흥원은 AI 기술 및 서비스를 구현하는 과정에서 고려해야 하는 윤리 원칙을 다음 [그림 Ⅲ-7]과 같이 제시하고 있다(한국지능정보사회진흥원, 2025).

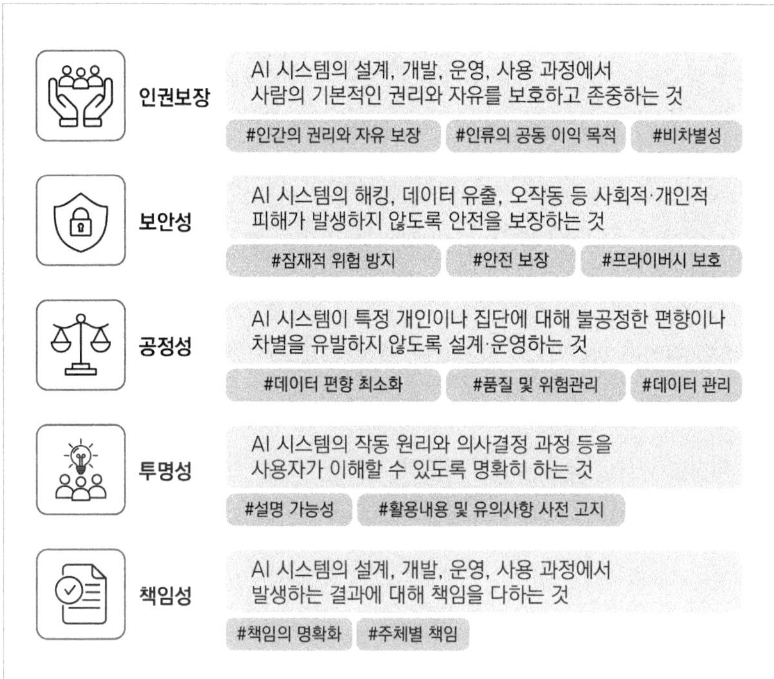

[그림 III-7] AI 기술 및 서비스 구현 과정에서 고려해야 할 윤리 원칙

출처: 한국지능정보사회진흥원(2025). 개발자가 꼭 알아야할 AI 윤리, p. 2. https://nia.or.kr/common/board. 2025.01.21 인출.

2. 디지털 교육 규범

AI 디지털교과서 정책의 추진과 더불어 교육부에서는 디지털 교육 규범에 대한 입장을 발표하였는데, 생성형 AI의 활용성 극대화 및 교육 분야에 미치는 영향력의 확대와 더불어 국내에서 추진하고 있는 AI 디지털교과서까지 함께 고려한 규정으로 보인다.

디지털 교육 규범이란 디지털 심화 시대의 교육이 지향하는 가치와 원칙, 교육당사자 및 관계자가 준수하여야 하는 기본적인 행동 원리라고 정의한다. 그 주요 내용은 디지털 심화 시대에서 교육의 변화는 인간의 성장과 발전을 돕고 사회공동체의 기반을 조성하는 교육의 본질을 위해서 이루어져야 하고, 디지털 기술이 교육의 본질을 실현하면서 안전하고 효과적으로 활용될 수 있도록 디지털 교육이 추구하는 가치와 기본 원칙을 제시하였다. 디지털 교육 규범에서 추구하는 핵심 가치 5가지는 자유와 권리 보장(모든 인간의 성장을 지원한다는 목표를 제시하고 교수자와 학습자의 자유와 권리를 적극적으로 보장), 공공성 확보와 격차 완화(디지털 교육은 현재의 교육 격차와 디지털 교육에 따른 새로운 격차를 완화하는 데 기여해야 하고, 디지털 교육 기술은 공공성 증진에 기여해야 함), 안전과 신뢰 확보(디지털 위험에 대한 예방과 안전한 환경 조성에 대한 원칙 강조, 디지털 기술과 정보를 활용하는 주체의 역할 및 개인정보보호의 중요성 강조), 혁신 촉진(교수자의 수업 혁신, 정부의 제도 개선 및 환경 조성, 민간의 기술 혁신의 결합을 통해 디지털 기술과 교육의 상생 지원), 인류의 연대 강화(인류 공동의 문제를 함께 해결하는 디지털 시대의 세계시민 양성, 디지털 교육을 통해 국가 간 격차 완화 및 인류 전체의 번영 지원) 등이다(교육부, 2024).

Ⅳ. AI 디지털교과서의 윤리적 이슈

1. 개인정보보호와 보안

개인정보란 살아 있는 개인에 관한 정보로서 성명, 주민등록번호, 영상 등을 통해서 개인을 알아볼 수 있는 정보와 해당 정보만으로는 특정 개인을 알아볼 수 없더라도 다른 정보와 쉽게 결합하여 알아볼 수 있는 정보를 말한다. 개인정보의 유형으로는 이름, 주민등록번호와 같은 일반

정보뿐만 아니라, 가족정보, 교육 및 훈련정보, 병역정보, 부동산정보, 소득정보, 기타 수익정보, 신용정보, 고용정보, 법적정보, 의료정보, 조직정보, 통신정보, 위치정보, 신체정보, 습관 및 취미정보를 포함한다. 여기서 정보주체란 처리되는 정보에 의하여 알아볼 수 있는 사람으로서 그 정보의 주체가 되는 사람을 말하는데, 개인정보보호의 원칙은 개인정보 처리자가 개인정보의 처리 목적을 명확하게 하고 그 목적에 한하여 최소한의 개인정보만을 적법하고 정당하게 수집하는 것이다(생활법령정보, 2025).

AI 디지털교과서는 맞춤형 학습 지원을 위해서 학생들의 세부적인 개인정보를 입력하고 활용하게 되는데, 이런 개인 데이터의 관리 부실이나 유출 문제는 학습자 개인의 프라이버시가 침해되는 윤리적 문제를 발생시킨다. 학습자 개인의 식별 정보뿐만 아니라 학습이력 정보, 인지적·정의적 특성 정보 등은 데이터의 입력, 관리, 활용, 산출의 전 과정에서 철저한 관리가 요구되고, 만일의 유출 사태에 대한 대응 매뉴얼을 마련하는 것이 필요하다.

개인정보보호와 보안과 관련되어 제기되고 있는 다양한 윤리적 문제를 공통적인 측면을 고려하여 여섯 가지로 정리할 수 있다.

AI 디지털교과서 활용에서 제기되는 이와 같은 윤리적 문제는 개인정보의 수집과 입력, 관리, 공유, 그리고 이를 커버하는 보안 시스템 등인데, 각각의 문제가 해소되거나 해당 권리가 침해되지 않도록 각 문제 요소를 반영한 체크리스트를 개발하거나 가이드라인의 기초로 활용될 필요가 있다.

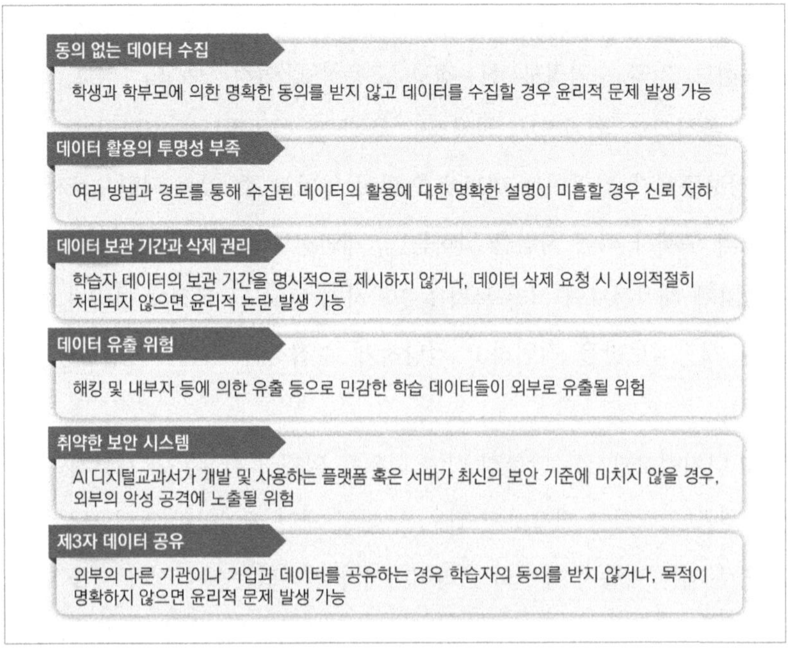

[그림 Ⅲ-8] 개인정보보호와 보안에 관한 윤리적 이슈

2. 알고리즘 편향 및 공정성

알고리즘 편향이란 AI 기술에 의한 머신 러닝 알고리즘의 체계적인 오류로 인해 불공정하거나 차별적인 결과가 발생하는 것을 말한다. AI 시스템은 알고리즘을 사용하여 데이터에서 패턴과 인사이트를 발견하거나 주어진 입력 변수 집단에서 결과 값을 예측하다 보니, 알고리즘 편향은 의료 서비스, 법률 서비스, 교육 서비스와 같은 분야에서 중요한 의사결정을 지원하는 경우에 우려되는데, 이는 종종 기존의 사회·경제적, 인종 및 성별 편견을 반영하거나 강화하기도 한다(Jinker, A & Rogers, J, 2024).

편향된 학습 데이터
학습과 훈련에 사용된 데이터에 기반하는 AI 모델의 특성상, 데이터가 편중되어 있거나 대표성이 미흡하면 그에 따라 편향된 결과 초래 가능

설계 과정에서의 편향
개발자가 의식적으로 한 것이 아니라도 알고리즘에 편향된 기준이나 규칙 등 적용 가능

표본 크기의 불균형
상대적으로 특정의 데이터가 많거나 적을 경우, AI가 특정 집단에 더 잘 기능할 가능성이 있음

교육 기회의 불평등
편향된 알고리즘으로 인해 일부 학습자는 유리한 콘텐츠를 제공받고, 또 다른 학습자는 불리한 상황에 처하게 될 가능성이 있음

학습 평가의 불공정성
AI가 데이터 훈련에서 특정 학습 방법이나 성향을 지나치게 선호하면 다양한 학습 스타일의 학습자 성과 평가가 공정하지 않을 수 있음

학습 의욕 저하
편향된 결과의 제공이 지속될 경우 학습자는 자신의 불이익을 인지하게 될 수 있으며, 이로 인해 학습 의욕 저하 가능

[그림 Ⅲ-9] 알고리즘 편향에 관한 윤리적 이슈

AI 기술이 개발자나 사용자의 데이터 이용 패턴을 자가 학습하는 기능 때문에 이 기술을 활용할 때 자주 등장하는 문제가 알고리즘 편향성의 문제이다. 특히 활용할 수 있는 데이터가 제한적일 때 편향된 원데이터로 말미암아 편향된 결과를 산출하거나 전체 모집단의 경향성으로 왜곡하여 제공할 우려도 있게 된다. 이와 같이 AI 기술로 인해 발생하는 교육 데이터의 알고리즘 편향은 자칫 맞춤형 학습 지원을 하기 위한 기능에서 학습자들에게 자신의 학업수준이나 학습 스타일과는 다른 지원을 받게 되는 또 다른 공정성 문제가 발생할 우려도 있다.

알고리즘 편향으로 인한 윤리적 문제에 대처하기 위해서는 가장 우선

적으로 데이터의 대표성을 확보하는 것이고 AI 기술이 지원하는 내용에 대한 모니터링과 개선 피드백이 시스템화되어 작동될 필요가 있다. 예를 들어 사회나 역사 부문의 학습내용에 있어서는 어떤 데이터 집단을 주로 활용하는가에 따라 사회적 · 역사적 편견이 반영된 학습내용이 제공될 수 있으므로 이에 대한 상시적인 점검 시스템이 요구된다.

3. 지적 재산권 문제

지적 재산권이란 인간의 지적 창조물 중에서 법으로 보호할 만한 가치가 있는 것들에 법이 부여한 권리로서, 사람의 정신적 창작물이나 연구결과 또는 창작된 방법을 인정하는 독점적 권리로서 무형 재산권이다. 지적 재산권은 저작권과 산업 재산권으로 대별되는데, 저작권은 문학적 또는 미술적 저작물에 대한 권리이고, 산업 재산권은 산업적 · 영업적 재산권을 말한다. 산업 재산권은 기술적 아이디어나 창작에 대한 특허권, 공산품의 외형에 대한 의장권, 타인의 상품과 식별력을 가지는 상징에 대한 상표권 등으로 세분된다. 지적 재산권은 시장에서 독점적 지위 확보가 가능하고, 특허와 관련한 분쟁을 예방할 수 있으며, 막대한 기술개발 투자비를 회수할 수 있는 확실한 수단이며, 확보된 권리를 바탕으로 추가 응용 기술개발이 가능하다는 이유 등으로 중요성이 강조되고 있다(기획재정부, 2025).

특히 디지털교과서에 AI 기술 지원이 확대될 수록 AI가 생성해서 제공하는 콘텐츠의 지적 재산권 문제는 법률적 논쟁을 불러일으킬 가능성이 있다. 이는 기존 데이터를 검색하여 제공하는 콘텐츠뿐만 아니라 AI가

저작권 침해 가능성

AI 디지털교과서가 저작권자의 동의 없이 텍스트, 이미지, 동영상 등을 사용하여 학습 콘텐츠를 제공하는 경우 저작권 침해 가능성 있음

2차 저작물 생성과 저작권

AI 디지털교과서가 기존 콘텐츠를 변형, 조합하여 새로운 콘텐츠를 생성하는 경우 이 2차 저작물의 저작권 인정 여부가 법적 분쟁의 소지가 있음

라이선스 위반

활용하는 외부 자료가 특정 라이선스로 배포된 경우, 해당 라이선스 조건을 준수하지 않게 되면 윤리적 혹은 법적 문제 발생 가능성 있음

책임의 불명확성

AI가 만들어서 제공하는 학습 콘텐츠에 대한 저작권 책임이 모호하기 때문에, 이런 경우 책임 소재 규명이 어려움

교육 현장에서의 혼란

AI가 생성, 제공하는 학습 자료의 저작권 문제가 명확하지 않으면, 교수학습에 사용하는 자료의 적법성에 대해 혼란 발생 가능성 있음

[그림 Ⅲ-10] 지적 재산권 문제에 관한 윤리적 이슈

만드는 새로운 저작물에 대한 복잡한 윤리적·법적 책임 문제가 등장할 수 있다.

AI 기술로 인해 학습자에게 최적화된 콘텐츠의 제공이라는 목적과 제공된 콘텐츠의 지적 재산권 문제는 상호 충돌할 수 있는 가치이기도 하다. 기존 데이터를 기반으로 하는 새로운 형태의 저작물을 만들어 제공할 경우 출처를 표시하도록 기술 개발이 이루어지거나, 특히 라이선스 조건이 있는 콘텐츠 활용에 대한 표준화된 기준 마련이 필요하다. 이는 개별화된 효과적인 교육과 더불어 창작자 보호라는 두 가지 가치 모두 보장되어야 하기 때문이다.

4. 학습자의 자율성과 의사결정권

학습자 자율성이란 자기 자신의 학습에 대한 책임을 스스로 지는 능력을 말하는 것으로 즉, 스스로 학습할 수 있는 도구를 마련하게 하고, 그들의 학습 목표를 현실화하기 위한 적절한 전략을 사용할 수 있으며, 각자 자신의 목표를 학업적으로 성취하게 하는 것을 말한다(Kumaravadivelu, 2003). 이는 학습자 스스로 하는 학습 관련 의사결정권을 의미하기도 하는데, AI 디지털교과서를 활용하는 것을 학습 과정 측면에서 살펴보면 학습 콘텐츠, 학습 방법, 학습 시간, 학습 경로 등을 자신의 학습 상황을 고려하여 스스로 선택하는 것이다.

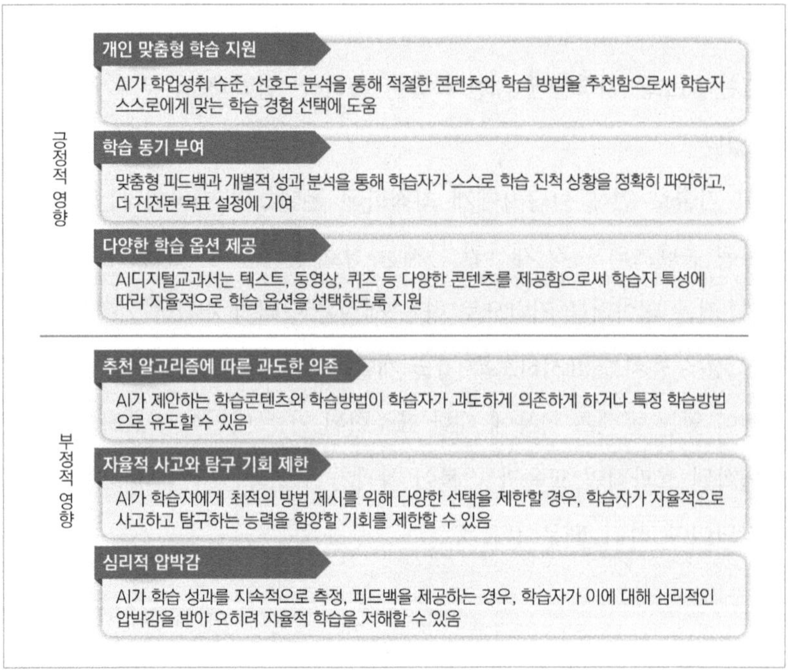

[그림 III-11] 학습자의 자율성과 의사결정권에 관한 윤리적 이슈

AI 디지털교과서의 주요 기능은 학습자 개인별로 맞춤형 학습이 가능하도록 학습 상황에 따라 다양한 학습 콘텐츠, 학습 방법, 학습 경로라는 다양한 선택지를 제공하는 것인데, AI 기술이 보다 접목될수록 해당 학습자에 가장 최적화된 옵션을 우선적으로 추천하게 된다. 이렇게 제시된 최적화된 옵션은 앞서 다루었던 알고리즘 편향성과도 일부 관련되는데, 기존 데이터 그룹에서 AI가 해당 학습자의 상태를 고려하여 추천한 것이므로 학습자 스스로 자신에게 부합한 것인지 여부를 판단할 수 있어야 하고, 이러한 판단이 가능한 환경을 조성해 주어야 한다. 제공되는 각 옵션의 특성과 장단점, 그리고 선택 후 학습을 이행했을 경우의 예상되는 효과 등에 대한 정보를 제공하는 등 학습자의 의사결정을 지원하도록 할 필요가 있다.

Ⅴ. AI 디지털교과서의 윤리적 활용을 위한 제언 - 개발자, 교사, 학생

AI 디지털교과서를 활용함에 있어서 주요 이해관계자인 개발자, 교사, 학생을 중심으로 윤리적 책임과 역할에 관해 다뤄 보고자 한다. 박연정, 정종원, 노석준, 이은배(2023)의 연구에서도 인공지능의 교육적 활용을 위한 윤리적 고려요소와 조작적 정의를 도출하면서 AI 활용 윤리지침을 교육프로그램 설계 및 개발자, 교육학 연구자, 교수자, 학습자로 그 대상을 구분하여 제시하고 있다. 여기서는 우선 AI 디지털교과서 개발자의 경우 설계, 개발, 배포, 후속조치 등의 역할을 한다는 점과 앞서 살펴보았던 윤리적 이슈들을 고려할 때 그 윤리적 책임을 [그림 Ⅲ-12]와 같이 다섯 가지로 정리할 수 있겠다.

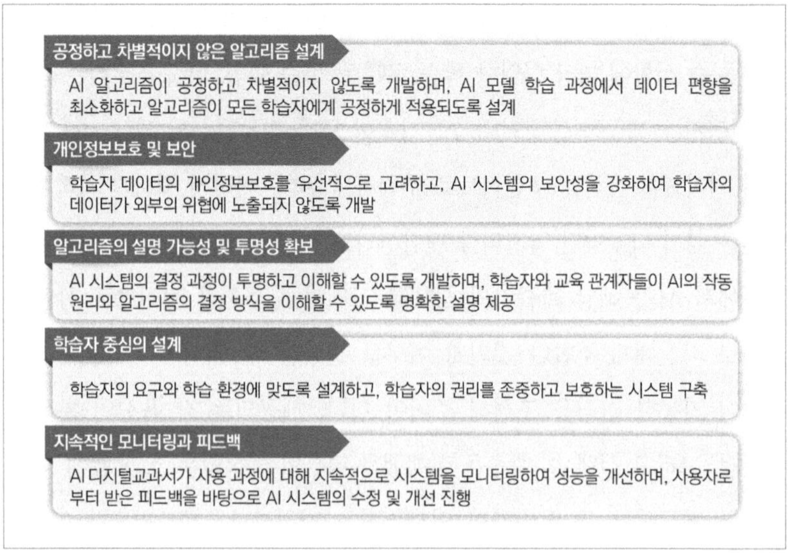

[그림 Ⅲ-12] AI 디지털교과서 개발자의 윤리적 책임

개발자 입장에서의 윤리적 책임은 단순히 시스템 개발의 완결성뿐만 아니라 학습자의 보호, 사회적 책무 등을 함께 고려해야 된다. 이는 아직 미성년 학생들이 사용자이기 때문에 교사의 지도하에 수업이 진행된다고 하더라도 개별화된 학습 기기인 만큼 다양한 윤리적 고려가 동반되어야 한다.

교사 역시도 주요 사용자로서 AI 디지털교과서로 학습하는 학생들이 안전하고 효율적으로 활용하는 것을 도울 책무가 있다. 이를 위해서 AI 디지털교과서에 대한 충분한 이해와 숙련이 전제될 필요가 있다. 다음의 [그림 Ⅲ-13]은 AI 디지털교과서의 윤리적 측면을 고려한 교사의 역할과 책임을 4가지로 정리한 것이다.

AI 디지털교과서의 윤리적 활용과 지도

교사는 AI 디지털교과서의 목적, 기능, 한계를 학생들에게 명확히 설명하며, 학생들이 AI 알고리즘의 작동 원리를 이해하고 AI의 결정을 비판적으로 평가할 수 있는 능력을 기를 수 있도록 지원

학습자의 데이터 보호 및 개인정보 관리 지도

교사는 학생의 개인정보보호와 관련된 법적, 윤리적 책임에 대해 학생들에게 교육하고, 학습자에게 AI 시스템을 사용하기 전 동의를 구하는 절차가 법적 기준에 부합하도록 관리

AI 교육에서의 공정성과 접근성 보장

교사는 AI 디지털교과서의 편향을 방지하고 모든 학습자에게 공정한 기회를 제공하기 위한 방법을 모색하며, 다양한 배경을 가진 학생들이 AI 교육에 공평하게 접근할 수 있도록 지원

지속적인 모니터링과 피드백 제공

교사는 AI 디지털교과서가 학생들에게 제공하는 학습 효과와 결과를 지속적으로 모니터링하고 필요한 피드백을 제공하며, AI 시스템에서 발생할 수 있는 오류나 불공정한 결과에 대해 신속하게 문제를 파악, 해결 방법을 학생들에게 제시

[그림 Ⅲ-13] AI 디지털교과서 활용에 있어서 교사의 역할과 책임

교사는 단순히 교과 내용의 전달자로서뿐만이 아니라 학생들의 안전한 성장과 발달에 책무성을 갖기 때문에 AI 디지털교과서로부터 발생할 수 있는 여러 우려 요소들을 사전에 파악하고 위의 그림에서 제시된 고려사항들을 이해하고 대응해야 한다.

그리고 여러 이해관계자 중에서 학생의 경우 교육을 제공받는 수요자이기도 하나 AI 디지털교과서의 가장 중요한 사용자이므로 안전하게 학습을 하기 위해서는 최소한의 역할과 책임을 가지는 자세가 필요하다. 다음의 [그림 Ⅲ-14]에서 학생의 역할과 책임을 네 가지로 정리하였다.

AI 디지털교과서 사용에 대한 책임감 있는 접근

학생들은 AI 디지털교과서를 사용할 때 자기 주도적 학습의 일환으로 책임감을 가지고 사용하며, AI 기술을 사용할 때 윤리적 기준을 준수하고 개인정보보호와 AI의 편향성을 염두에 두고 활용

AI 시스템의 결과에 대한 비판적 사고

학생들은 AI 디지털교과서가 제공하는 결과를 비판적으로 평가하고, AI가 제공하는 학습 자료나 평가 결과를 맹목적으로 신뢰하지 않고 자신의 지식과 경험을 바탕으로 결과를 교차 검증하는 자세

개인정보보호와 보안 책임

AI 시스템 사용 중 개인정보의 보호와 관련된 정책을 충분히 이해한 후에 동의하며, AI 시스템에서 요구하는 개인정보에 대해 명확한 동의를 요청하는지 그리고 데이터가 어떤 방식으로 처리되는지에 대한 정보를 숙지

AI 기술에 대한 학습과 이해

학생들은 AI 시스템이 어떻게 작동하는지에 대해 기본적인 이해가 필요하며, AI가 인간의 모든 역할을 대체할 수 없다는 점을 이해하고 AI와 인간의 상호보완적 역할을 인식

[그림 Ⅲ-14] AI 디지털교과서 활용에 있어서 학생의 역할과 책임

이상에서 개발자, 교사, 학생의 윤리적 역할과 책임에 대해서 종합적으로 정리해 보았다. AI 기술 자체에 대한 윤리적 문제는 기술 분야 뿐만 아니라 사회적·경제적 분야에서 다양하게 제기되어 연구되고 있으며, 학계와 정부도 여러 대응방안을 모색하고 있다. 교육부 역시 AI 디지털교과서 도입에 따른 여러 문제 제기에 대해 디지털 교육 규범 등 다양한 대응방안을 마련하고 있다.

본 글은 AI 기술이 접목된 디지털교과서라는 것을 전제하고 있으나, 글을 마치면서 본질적인 의문들을 새삼 짚어보게 된다. 첫째는 AI 디지털교과서가 아니라 그냥 디지털교과서라면 이와 같은 윤리적 논쟁이 덜했을까. 둘째는 AI 디지털교과서에는 AI 기술 자체에 대한 여러 우려만큼 AI 기술을 충분히 접목하고 있는가. 그리고 마지막으로 AI 디지털교과서는 우리 교육에 좋은 것인가.

첫 번째 의문인 AI가 없는 디지털교과서라면 어땠을까에 대해서는 어떤 경우에도 논쟁은 발생했을 것이라고 생각한다. 서책을 대신하는 디지털교과서의 도입은 우리 초·중등교육에서 매우 혁명적인 변화라고 할 수 있고 스마트폰이나 인터넷 과몰입 등의 일상의 문제가 여전한 상황에서 디지털 기기로의 교과서 대체에 대한 윤리적 논쟁은 여전했을 것이다. 디지털교과서든 AI 디지털교과서든 오랜 세월 동안 사용된 서책을 대신하는 문제이기 때문에 어차피 치러야 할 논쟁이고, 이왕하는 토론이라면 접점을 찾는 노력이 필요하다는 생각이다. 두 번째 의문은 AI 윤리가 우려될 만큼 AI 기술이 충분히 접목된 디지털교과서인가인데, 개인적인 경험으로는 현재의 AI 디지털교과서는 아직까지 초보적인 수준의 AI 기술이 활용되고 있기 때문에 충분하고 적극적인 AI 기술 접목으로부터 발생하는 문제는 당장의 현안이라기 보다는 AI 기술 접목이 활성화·고도화된 이후 진행될 문제라서 향후 논쟁의 범위와 깊이는 점진적·단계적으로 확대될 것이라고 생각한다. 마지막 의문은 매우 기본적이고 본질적인 질문인데 AI 디지털교과서는 우리 교육에 좋은 것인가라는 가치에 대한 것인데, 이에 대해서는 현재로서는 알 수 없다는 데에 난감함이 있다. AI 디지털교과서를 이미 사용하고 시행착오를 겪은 선진국가가 아직 없다는 점에서 우리가 테스트베드 역할을 하고 있기 때문에 AI 디지털교과서 도입을 고려하고 있는 다른 나라들에 우리나라가 중요한 참고치가 될 것이다. 그런 의미에서 앞서 역할과 책임에서 제시한 것처럼 AI 디지털교과서가 본격 도입되어 사용된다면 상시적인 모니터링 및 피드백 시스템을 구축하여 가동하는 것이 오류와 윤리적 문제를 최소화하고 여러 우려에 대처할 수 있을 것이다.

ICT 활용 교육, 이러닝, 유비쿼터스 기반 교육, (구)디지털교과서 등 지난 세월 동안 당시 새롭게 등장했던 교육의 흐름을 지켜본 바에 의하면, 기술의 발전은 교육(사회 · 제도)의 발전과 즉시적으로 비례하지 않는다고 늘 생각해 왔다. 하지만 최근 AI 기술의 등장과 발전이 빠른 속도로 우리 일상의 변화를 이끌고 있는 현실을 목도하고 있노라면, AI 디지털 교과서 도입 문제로부터 촉발된 AI 활용 교육과 이로부터 비롯된 윤리적 문제에 대한 논의는 미래가 아닌 현재 진행되어야 하고 이를 기반으로 한 사회적 합의가 절실한 시점이라는 생각이다.

참고문헌

과학기술정보통신부(2020). 과기정통부, 사람이 중심이 되는 인공지능(AI) 윤리 기준 마련. 보도자료(2020.12.22.), 과학기술정보통신부.

교육부(2024). 디지털 심화 시대의 교육이 지향하는 가치와 원칙에 대한 선언 - 디지털 교육 규범. 교육부 내부자료.

교육부(2023). AI 디지털교과서 추진방안(안). 교육부 내부자료.

교육부 · 한국교육학술정보원(2025). 또 하나의 학교 에듀넷 · 티 -클리어: 디지털 교과서 시작하기. https://dtbook.edunet.net/viewCntl/dtIntro?in_div=nedu. (2025.01.20. 검색)

교육부 · 한국교육학술정보원(2020). 디지털교과서 건강하게 활용하기. https://dtbook.edunet.net/pdf/dt_smart_tea.pdf. (2025.01.21. 검색)

김창화(2020). EU 인공지능(AI) 윤리 가이드라인 연구. 2020년 제7차 원례회의(11월) 발표자료. https://xn-3e0bx5e6xzftae3gxzpskhile.kr/20304/form?postSeq=11&lang_type=KO&page=1. (2025.01.21. 검색)

기획재정부(2025). 기획재정부 시사경제용어사전 - 지적 재산권. https://www.moef.go.kr/sisa/dictionary/detail?idx=2397. (2025.01.21. 검색)

박연정, 정종원, 노석준, 이은배(2023). 인공지능의 교육적 활용을 위한 윤리 지침 개발. 교육공학연구, 39권 스페셜호. 1509-1564.

배영민, 사회과 디지털교과서와 관련한 국내의 학술지 논문 분석. 사회과교육, 55권 4호. 33-48.

생활법령정보(2025). 개인정보보호의 개념. 찾기쉬운 생활법령정보. https://easylaw.go.kr/CSP/CnpClsMain.laf?popMenu=ov&csmSeq=1257&ccfNo=1&cciNo=1&cnpClsNo=1. (2025.01.21. 검색)

이문학(2015). 국내 디지털교과서 연구 경향에 대한 메타분석. 한국출판학연구, 14권 1호. 23-43.

이영주, 신은희, 박지영(2017). 미래신호 탐지 기법으로 본 인공지능 윤리 이슈 - 글로벌 동향과 전망. IT & Future Strategy 보고서, 2017-제1호(2017.03.10). 한국정보화진흥원.

한국지능정보사회진흥원(2025). 개발자가 꼭 알아야할 AI 윤리, https://nia.or.

kr/common/board. (2025.01.21. 검색)

Jinker, A. & Rogers, J. (2024). 알고리즘 편향이란 무엇인가요. IBM의 AI 편향성 솔루션 살펴보기. https://www.ibm.com/kr-ko/think/topics/algorithmic-bias. (2025.01.21. 검색)

Kumaravadivelu, B. (2003). Beyond methods: Macrostrategies for language teaching. New Haven: Yale University Press.

제4장

AI 디지털 교육과 학생의 인격적 성장이라는 교육 목적

한석훈

제4장

AI 디지털 교육과 학생의 인격적 성장이라는 교육 목적

한석훈

I. AI 디지털교과서 도입을 철학자가 바라본다면?

일반적으로 현대 사회에서 교육과 정치 사이의 관계는 늘 어수선하다. 어느 나라의 경우를 보더라도 다르지 않은 것 같고, 한국의 경우 역시 마찬가지이다. 2025학년도에 AI 디지털교과서(Artificial Intelligence Digital Textbook: AIDT)를 도입하겠다는 정부의 정책을 둘러싼 논의가 아주 어수선한 것 역시 교육과 정치 사이의 말썽 많은 상호작용 방식 때문이기도 하겠다. 2025년의 1학기에 접어들던 시점까지도 여전히 지역 교육청에 따라 AIDT 도입에 대한 태도가 판이하였고, 이에 따라 AIDT 개발 업체들의 항의마저 집단적으로 발생했던 것 등의 일련의 불안정한 상황은 한국의 혼란스러운 정치적 현실과 무관하지 않다. 교육과 정치의 이러한 어수선한 관계로 인하여 피해를 보게 되는 것은 교육 현장이요, 결국 교사와 학생이 고스란히 그 부담을 떠안게 된다. 이런 연유로 과거부터 적지 않은 교육자, 교육학자들은 이른바 '교육의 정치적 중립'의 기치를 내세우기도 한다. 그러나 이는 늘 희망 사항에 그칠 뿐, 현실적으로는 어쩌면 앞으로도 언제나 교육은 정치의 영향권을 벗어나기 어려울 것으로 보인다.

교육이 정치와 무관하게 '교육의 본질적 목적'에 전념하는 것이 현실적으로는 불가능에 가깝다는 사회과학적 관찰은 필자가 주력하고 있는 인성교육의 영역에서도 또렷하게 드러난다. 2015년에 인성교육진흥법이 제정되어 교육 당국은 말 많고 탈 많은 인성교육의 정책적 집행을 개시하게 되었지만, 얼마 지나지 않아 급작스러운 정권 교체를 겪으며 인성교육 정책의 원안은 슬그머니 자취를 감추고, 인성교육 자체가 교육계의 뒤안길로 밀려나게 되었다. 법 제정 초기의 인성교육을 둘러싼 수많았던 토론과 논란, 반발과 희망 등이 헛발질에 불과했던가 하는 자조의 느낌마저 든다. 그럼에도 필자가 30년 가까이 봉직해 온 교원 양성가의 입지를 변호하기 위해서라도 이처럼 정치적 소용돌이에 휩쓸려 부침하는 교육의 실천적 과제들에 대한 고민을 포기해 버리지는 못하겠다. 사회와 교육계의 무관심과 회의에도 불구하고 필자가 공교육 현장의 인성교육 실천에 대해 계속 주의를 환기하려 시도하는 것과 마찬가지로, 국가 공동체의 엄청난 자원을 퍼부어 실행하려는 AIDT에 대한 숱한 찬반 논란의 와중에서 그 함의에 대해 고민해 보는 것이 마땅하다고 생각한다.

인성교육이 한국 사회의 급변하는 정치적 환경 속에서 부침을 겪었듯이 AIDT의 실행도 이와 다르지 않은 과정을 겪지 않을 것이라고 보장할 수 없고, 그렇다면 예측할 수 없는 새로운 시대에 우리의 후대를 대비시켜야 하는 공교육은 또 다른 낭비와 손실을 감수하게 될 것이라는 우려가 일어난다. 따라서 정치권의 어수선함과 별개로 교육계는 자신의 본업의 본질에 대해 지속적으로 고민하고 유념하며 AIDT를 어떻게 수용해야 할지 대화를 이어가야 한다고 믿는다. 이 글에서 필자는 AIDT의 도입이 촉발하는 여러 교육적 논의 중에서도 인성교육에 대한 함의에 좀 더 치중하여 논하고자 한다. 이 글의 제목에서 밝혔듯이 학생의 인격적 성장이라는 중요한 교육적 목적의 수행에 AIDT는 어떤 영향을 끼칠 것인가? 결코 간단하지 않은 논의를 간략히 짚어 보겠다.

본격적 논의에 앞서서 독자의 사유 동참을 불러일으켜 보고자 잠시 인생의 회고를 요청해 보겠다. 지금으로부터 약 15년 전, 우리가 아직 아이폰이나 갤럭시폰과 조우하기 이전의 시절, 즉 스마트폰이 인류를 습격하기 이전의 시절, 그 시절과 비교해 볼 때 지금 우리는 더 잘살고 있을까? 수많은 삶의 영역에서 우리의 몸이 더 편해진 것은 사실이겠다. 손바닥 위의 자그마한 기기를 손쉽게 조작함으로써 순식간에 수많은 직업적, 사회적 활동을 해치울 수 있으므로. 그러나 이런 편리함의 증대가 곧 우리의 삶의 질의 제고로 이어졌을까? 몸이 더 편한 것이 더 잘 사는 것인가? 쉽게 답할 수 있는 질문은 아니겠으나, 적지 않은 사람들이 스마트폰이 대표하는 디지털 기기의 과도한 사용이 초래하는 신체적, 심리적 문제를 토로한다. 도대체 스마트폰을 입에 물고 태어난 것이나 다름없는 요즘의 청년 세대는 왜 아날로그 문화에 열광할까? 도심의 낡고 오래된 상가와 카페, 음식점들이 젊은이들로 문전성시를 이루고, 오래된 LP 시장이 되살아난다. 우리 삶의 디지털화가 우리 스스로 제어할 수 없는 시대의 대세이겠으나 대세가 꼭 우리의 몸과 마음에 약이 되는 것만은 아닐 수 있듯이, AI를 장착한 디지털교과서도 도입과 실행 이후에 유사한 사용자 반응을 유발하지 않으리라고 아무도 장담할 수 없다.

청년 세대가 아날로그를 동경하는 마음은 단순히 감상주의거나 퇴행적 심리라고만 규정해 버릴 수 없는, 어쩌면 인간의 매우 깊숙한 욕구－'본성'에서 솟아오른?－와 관련한 현상일지도 모른다. AIDT를 도입하는 초기 과정에서 이런 점을 간과할 때 우리 사회에 예상 못 할 손해를 부과할지도 모른다.

실제로 선도적으로 AIDT를 도입한 이른바 서구 선진국 중에서 스웨덴의 경우처럼 학령에 따라 AIDT 사용을 철회하거나 감소하고 종이책으로 돌아가는 결정을 하게 된 소이연에도 주의를 기울이지 않으면 안 되겠다. 최근에 매스컴의 주목을 받고 있는 미국의 언어학자 나오미 배런(Baron, 2023/배동근 역, 2025) 교수의 『쓰기의 미래』 또한 디지털 기기에 대한 의존의 심화에 대응하여, 전통적 글쓰기 학습이 학습자의 인지 성장에 얼마나 큰 도움을 주는지 역설하고 있다. 실생활에서 이런 예는 아주 다양할 것인바, 우리가 자동차 운전을 하며 길을 찾는 기능을 내비게이션이라는 신기술에 일임하게 되며 태곳적 이래로 쌓아 온 공간 지각 능력과 독도법 등의 역량을 단시일 내에 망각해 버린 것이라든가, 무한대로 확보할 수 있는 디지털 정보의 양적 팽창에 도취되어 아득한 선사시대부터 생존을 위하여 키워 온 정보 암기 능력을 폄훼하게 된 것이라든가, 과도한 SNS 사용으로 인간 대면 능력이 약화하고 현실 공간에서 협업과 소통 능력이 퇴화한 것 등등, 그 예는 매우 많을 것이다.

교육의 AIDT 도입 또한 이와 유사한 폐단을 유발할 가능성이 있음을 부인하는 것은 합리적이지 못하므로, 우리 교육 전면에서 정보의 디지털화와 AI의 활용이 초래할 사안들에 대해 짚어 보는 것은 교육자에게는 도덕적 당위가 아닐 수 없다. 한국 정부도 2025년 1월에 사회와 산업 전반에 걸쳐 AI 고영향 영역을 선발하여 과도한 AI 의존에 대한 경계를 표방하였고, 특히 교육 부문에서는 학생 평가를 고영향 영역으로 분류한 것을 참고할 필요가 있다. 원래 철학의 소임은 당연해 보이는 현실에 대해 질문하는 데 있다. AIDT는 아직 당연해 보이는 현실도 아니고, 교육 현장에 다양한 불확실성을 증대할 가능성이 높은 기술적 실행이므로, 철학의 추궁을 받는 것은 필히 거쳐야 할 과정이 아닐 수 없다. 과연 AIDT는 우리 후대의 교육에 어떻게 작용할 것인가? 세상에 순수한 선과 순수한 악은 거의 없다고 볼 때, AIDT는 과연 악에 비해 선의 증대에 기여할 것인가?

II. AIDT라는 판도라의 상자를 열어 본다면?

1. 교육철학하는 이들을 불안하게 하는 불확실성

AI를 활용한 교과서를 포함하여 교육 현장에 AI를 도입하려는 세계적 동향에 대하여 그간 교육철학계는 신중한 태도를 견지해 왔고, 이들의 반응은 대체로 다음과 같은 의문들로 정리할 수 있다.

- 무한한 정보에 대한 무한한 접근이 보장되는 시대에 전통적인 지식과 배움 자체에 대한 회의가 일어나는 상황에서, 장차 AI가 인간의 복잡한 인식 과정을 복제하는 것이 가능할 것인지 지켜봐야 할 터인데, 그렇다면 이러한 인식 작용의 주체는 인간의 의식(consciousness)에 상응하는 주체성을 보유한다고 인정할 수 있을까?
- AI가 인간 교사의 권위와 역할을 대체할 수 있을 것인가? 인간 교사

의 권위는 단순히 보유 정보의 양에 국한하지 않고, 실제 삶의 경험을 통하여 지식의 세계를 소화하고 내면화하여 보편적으로 공감할 수 있는 방식으로 공유하는 능력과 관계가 있는데, 이런 권위를 AI가 획득할 수 있을까? 교사와 학생 사이의 상호작용을 AI와 학생 사이의 상호작용으로 대체할 때 잃는 것은 무엇이고 얻는 것은 무엇일까?

- AI를 사용하는 과정에서 정보의 원천을 밝히는 윤리적 책임감을 모든 사용자에게 기대할 수 있겠는가? 이른바 '알고리즘'에 의한 편견 발생을 방지하기 위하여 사용자의 성향이 공평무사하게 유지될 수 있도록 조정하는 것이 가능할까? 학생의 개인 정보 활용에서 파생되는 사생활 침해 및 정보 유출의 위험에 유효적절하게 대비하는 것이 가능할까?
- AI를 사용함으로써 인간의 능동성과 자율성, 창의성 등은 진작될 것인가, 퇴보할 것인가? 수동적으로 제공받는 무한 정보의 홍수 속에서 학습자의 비판적 사고력을 어떻게 키울 수 있을 것인가? 교육 환경에서 현실적으로 복잡다단한 수많은 의사결정과 판단이 요청되는 바, 교수자는 이에 부응하는 역량을 증진할 수 있을 것인지, 학습자는 이러한 과정에 능동적으로 참여하고자 하는 정의적(affective) 기반을 다질 수 있을 것인지?
- 학생을 사회화하고 개인적 성장을 도모하는 전통적 교육 목적을 달성하고자 하는 과정에 AI의 기능이 개입될 때 득과 실은 무엇일까? 단순한 지식 습득이나 인지 능력 향상을 넘어서 민주사회의 시민성을 배양하거나, 학습자 개개인의 자기실현을 도모한다는 교육 목적의 달성에 AI가 어떤 영향을 끼칠 것인가?

- 인성교육, 또는 학습자 개인의 인격적 성장을 도모한다는 교육 목적 달성에 AI가 어떤 영향을 끼칠 것인가?
- 학생들 간의 사회경제적 불평등을 해소하는 데 AIDT는 도움을 줄 것인가? 모든 학교와 학군이 균일한 수준의 AI 기기와 프로그램을 사용한다 하더라도, 개별 학교의 사회경제적 수준에 따른 미묘한 '수요'의 차이가 발생한다면 오히려 불평등을 심화하게 되지는 않을까 (Anyon, 1997)?
- 갈수록 A.I.에 대한 의존이 심화할 것으로 전망되는 미래의 직업 세계에 대비하는 교육과정을 AIDT가 제공해 줄 것으로 기대하지만, 실제 미래의 직업 세계의 주도권을 AI가 장악하게 된다면 과연 어떤 직종의 어떤 직무에 구체적으로 지원하게 될지 예상할 수 있을 것이며, 이런 직무에 맞춰 사전에 학습자를 훈련하는 것이 가능할 것인가?

교육 현장에 AI를 도입하는 것에 대하여 교육철학계에서 제기한 위의 논제들은 실은 GPT4가 요약해 준 답이다. 필자가 입력한 질문에 GPT4가 생성해 낸 답의 내용 위에 필자가 살을 좀 붙이고 문장을 다듬은 것이다. 필자가 평소에 AI와 교육 간의 관계에 대하여 전문적인 연구조사를 지속해 온 전문가가 아닌 입장에서, 차제에 정부의 예외적으로 신속한 AIDT 정책에 당혹해 하는 교육계의 반응을 매스컴에서 접하며 최근에야 관심을 기울이기 시작하였는데, 만약에 AI의 조력이 없었다면 훨씬 많은 시간과 노력을 투입했어야 이 정도로 교육철학적 논제를 요약할 수 있었을 것임을 어렵지 않게 짐작할 수 있다. 이렇듯 AI는 유능하고,

또 유용하다.

그런데 위의 GPT4의 깔끔한 답은 인간의 시각이라는 필터를 거치지 않은 만큼 인간적인 답이기에는 너무 무사공평하다. 모든 논제의 영역에 대하여 두리뭉실하게 '기회'와 '도전' 양자가 상존한다며 결론짓는 것은 자료를 정리하는 깔끔한 중립적 방식일 수는 있으나, 교육 현장에서 교육적 득실을 놓고 판단해야 하는 인간 교육자의 입장에서는 충분히 유용하지 않다. 결국 판단은 인간의 몫일 수밖에 없으므로, 유능한 GPT4가 대령해 준 깔끔한 답을 갖고도 인간은 고민과 의사결정이라는 질척거리는 인간적 과정에 접어들 수밖에 없다.

그러므로 앞에 정리·요약된 AI의 정보를 바탕으로 삼아 AIDT를 대하는 교육철학적 논의와 문제의식을 필자라는 인간 필터를 통하여 걸러내어 이야기해 보겠다. 그리고 이런 이야기는 GPT4의 무사공평한 추상적, 객관적 스타일과는 달리, 인성교육을 중시하는 교육자적 사심을 넣어 구체적, 주관적 태도로 개진하고자 한다. 우리의 삶의 현안에 대하여 질문하고 논의하는 방식의 우열을 논한다고 할 때, 후자의 주관적인 방식이 전자의 객관적인 방식에 비하여 열등할까, 우월할까? 해묵은, 그러나 현대 학문의 세계에서 끝날 줄 모르는 '과학주의적' 인식과 현상학적 인식 사이의 논쟁을 상기해 볼 때, 누구도 쉽게 답할 수 있는 성질의 질문은 아닐 것이다. 왜냐하면 언제나 우리 앞의 현실에 대한 인식과 판단의 과정에는 냉정한 객관성과 질척거리는 주관성 양자 사이의 현명한 조화가 필요할 것이기 때문이다.

AI 교육의 윤리적 문제, 예컨대 부적절한 기기 사용 습관, 디지털 폭력·범죄, 개인정보보호 이슈 등에 대해서는 이 책의 공저자들께서 상세히

논해 주고 있기에, 이 글에서는 소상히 다루지는 않겠다.

2. 교원양성가의 입장에서 품게 되는 우려

재론하건대, 필자의 '사심'이 담긴 주관적 입장은 인성교육을 중시하는 교원 양성가라는 필자의 직업과 크게 연관되어 있다. 앞에 제시한 GPT4의 추상적인 답 중의 여러 항목을 오늘날 한국이라는 구체적인 교원양성의 현실 속에서 되짚어 보겠다.

가. 원래 인간들 사이에서 발생하던 배움의 과정에 디지털 기기가 얼마나 잘 끼어들까?

교수·학습 과정을 정보의 전달로 축소하는 것은 문제가 많다. 많은 이들이 통학이나 집단 관리에 소요되는 시간과 자원의 '낭비'를 없앨 수 있는 온라인 교육과정을 통하여 훨씬 효율적으로 다량의 정보를 축적하는 학습활동이 가능할 것이라고 추정하지만, 학습을 정보의 습득으로만 축소하는 시각은 인간의 정보 습득, 축적뿐 아니라 이를 활용하는 역량을 배양하는 훨씬 복잡한 과정을 제대로 포괄하지 못한다. AIDT를 통하여 효율적으로 정보를 습득할 수도 있으나, 학습자는 습득한 정보를 자기화하는 내적 과정을 거치는데, 여기에서 이른바 주변 동료를 관찰하고 모방하는 사회적 학습이 수반되고 교수자의 주체적 인식에 주관적으로 반응하는 내면화 과정도 진행된다(Bandura, 2023). 학습자가 학습 동료와 상호작용하는 과정과 인간 교사가 인간적으로 소화한 방식에 인간 학습자가 공감하며 반응하는 과정을 AIDT가 얼마나 대체할 수 있을지 의문이다. 인간 교사가 주체적, 주관적으로 소화한 것이 아닌 객관적 정보 자체는 백과사전에 잔뜩 담겨 있으나, 학습의 요건은 이 정보를 자기화하는 과정에 있다. 따라서 필연적으로 학습자 개인의 인격적 반응을 동반하게 되는 인간의 학습과정에 의식적, 무의식적으로 교수자가 행사하는 영향력의 위력을 충분히 고려하지 않을 경우, AIDT는 단순 정보의 축적이나 형식적 문제해결 과정을 인지하는 것보다 더 깊은 수준의 학습에 도움을 주지 못할 수 있다. 이러한 우려는 학생의 인격적 성장에 작용하는 교사의 영향력에 대하여 고민하는 교원양성과정의 수업 활동에서 심화되는 바, AIDT로 인하여 교사와 학생 간의 상호작용이 옅어지는 것의 인성교육적 함의를 섣불리 단언하는 것은 지양해야 할 것이다(Jackson et al., 1998).

나. 한 사람의 개성이 그의 학습에 개입하는 과정을 AIDT가 도와줄 수 있을까?

인간 학습자는 연령에 적합한 학습 수준이 있고, 각 연령, 또는 '발달' 단계에 일어나는 특수한 내적 욕구를 지닌다(Erikson, 1950). 이러한 학습의 발달단계를 정교하게 반영하는 AIDT의 개발이 언젠가는 이루어질 수 있겠으나, 동일 연령 단계 내의 학습자들도 개인별로 자신만의 고유한 발달 여건을 이어 가고 있기 때문에 학습자 개개인의 개성에 개별적으로 반응할 수 있는 AI 교재를 완성한다는 것이 가까운 미래에 실현될지 의문이다. 인간 교사는 개인의 노력에 따라 학습자 개개인의 개성에 반응하는 것이 가능하다. 그리고 학습자의 개성이 담긴 인식의 성장 과정은 원래 자연스러운 신체 감각적 경험을 필수적으로 수반하는 바, 학습자의 오감을 두루 사용하여 사물을 인지하고 인식하는 배움의 과정에 AIDT가 얼마나 효과적으로 개입할 수 있을지 의문이다. 나아가 학습자의 인격 형성 과정에 대한 AIDT의 조력과 개입을 위해서는 대단히 복잡한 메커니즘을 구동해야 할 것으로 짐작할 수 있는 것이, 일례로 상담자와 내담자 사이의 신뢰 형성 과정에는 무의식적 전이(transference)가 빈번히 일어난다는 사실을 임상 자료를 통해 확인할 수 있고 이는 교실의 교수자와 학습자 간의 라포 형성의 경우에도 다르지 않기 때문이다. 학습자가 학습하는 방식에 그만의 개성이 개입하고, 그의 개성의 형성과정에 교수자의 인격이 무의식적으로 작용한다고 할 때, AI는 학습자의 개성 형성에 도움을 줄 수 있을 것인가?

다. 인간의 공동선에 기여하는 가치관 형성에 AIDT가 도움을 줄 수 있을까?

사람들은 인문학이나 사회과학 등의 분야가 아닌 자연과학과 공학 등의 분야에서는 가치판단이 중요한 안건이 아니라고 생각하는 경우가 종종 있으나, 바로 이러한 '냉정한' 태도가 과학기술에 의해 초래된 현대 세계의 숱한 문제들의 배후로 지목받고 있기도 하다. 즉, 인간의 인식의 어느 분야에서든 인간적 가치판단은 직·간접적으로 일어나고 있다는 주장을 펴는 철학자들도 적지 않다(Steele, 2015). 그렇다면 학습자의 배움의 과정에서 AIDT는 가치판단에 어떤 영향을 끼칠 것인가? 여기에서 AI에게 인간과 유사한 지켜야 할 가치에 대한 인식이 있을 것인지, 아니면 인간이 존중하는 가치를 AI에 내장시켜야 할 것인지 등의 문제가 제기된다. 인문학과 사회과학이 아니더라도 자연과학과 공학의 학습 과정에서도 사안에 따라 인류와 공동체에 득을 주거나 해를 끼칠 가능성이 있는 답을 구하는 경우는 얼마든지 발생할 수 있을 텐데, 이럴 경우에 AIDT가 제공하는 답이 인간 공동체를 위하는 답일 수 있을지 확신하기 어렵다.

라. F 없는 T는 공허한데, AIDT는 T와 F를 함께 성장시키는 데 도움이 될까?

흔히 철학은 깊은 사고를 중시하는 것으로 간주되는데, 깊은 사고가 순전히 뇌 속의 정보처리 과정이나 논리적이고 이성적인 사고작용과 동일시, 등가시될 수 있을 것인가에 대해서는 인식론과 심성철학 분야 등에서 심각한 의구심을 제기해 왔다. 간단히 세간에 유행하는 MBTI적 관점으로 보더라도, 사고형 T가 반드시 깊이 있는 사고를 실행한다고 보기는 어렵다. MBTI의 이론적 원조인 정신의학자 C. G. 융에 따르더라도, 한 사람이 깊은 사고를 한다는 것은 그의 T와 F의 기능, 즉 사고와 감정적 기능 양자가 함께 작동할 때라야 가능하다는 주장을 할 수 있다(이부영, 2011). 즉, 머리에서만 나온 생각이 가슴에서 나온 감정과 통합되지 않는 한, 그 생각은 인간적 공감을 불러일으킬 — 인간의 실생활에 유의미한 가치판단과 연결될 — 깊이나 무게를 갖기 어렵다는 말이다. 그렇다면 AI는 학습자의 이성적 사고력을 키워 주는 학습활동에서 그의 정보처리 능력이나 논리적 정합성뿐만 아니라 타인과 공감할 수 있는 심리적 지평을 심화하고 있는지 판정하고 도움을 줄 수 있을 것인가? 그러기 위해서는 AI가 인간의 마음을 지녀야 하는 것은 아닐까?

마. 학습자가 AI의 마음을 닮아가게 되지는 않을까?

방금 제기된 '기계의 마음'에 대한 논의는 흔히 SF 장르에서나 다루는 흥미 거리 논제에 불과하다고 여기는 사람도 있을 수 있으나, 혹시 이러한 논의 배제의 심리적 기저에는 회피라는 방어기제가 작동하고 있거나 상상력의 빈곤함이 개입했다고 볼 소지는 없을까? 일례로 AI의 사고작용의 배경과 주체를 이른바 '마음'이라고 부를 수 있을지, AI의 사고의 주체를 '의식'이라고 볼 수 있을지 많은 토론이 일어나고 있고, 철학자 중에는 AI의 공감 능력의 결여 때문에 '마음'의 위상을 인정할 수 없다고 보는 이도 있다(이상헌, 2017). 인간 학습자가 공감력 제로인 AI 교수자와 상호작용함으로써 공감력 없는 사고를 배우고, 기계의 마음을 닮아갈지 어떨지, 예측하기 어렵다. 앞의 T와 F를 통합하는 사고의 가치에 대한 논의와 같은 맥락에서, 특히 인성교육 과정을 염두에 두는 경우에 '기계심'의 증대나 확산을 우려 섞인 시각으로 보지 않을 수 없다. 예비교사를 인성교육의 주체가 되도록 지도하는 교원양성 과정에도 속도와 효율만을 중시하는 기계적인 마음의 다양한 폐단을 예비교사 스스로 인식할 수 있도록 이끄는 부분이 있다시피, 아직 AIDT의 작동방식의 교육 현장에 대한 함의가 충분히 조사되지 않은 상황에서 무조건 낙관하는 것은 바람직하지 않다.

바. AIDT는 성장기 학생의 심리적 문제에 대응하는 교사의 역할을 도울 수 있을까?

AI를 활용하는 신기술이 특히 자라나는 청소년에게 참신한 '덕질'의 분야를 열어 주기도 하겠지만, 여기에서 새로운 중독의 도구가 출현하고 있다는 증후도 심심치 않게 보인다. 세상에는 다양한 유형의 중독이 있고 그중에 음란물 중독도 현 사회의 심각한 사회적 문제이며 교육자에게도 해결이 어려운 문제로 다가오고 있는데, AI를 활용한 '딥페이크'물의 확산으로 인하여 음란물 중독의 새로운 장이 열리고 있는 것은 아닐까 하는 우려가 든다. 중독을 단순히 현재의 신경 정신적, 심리적 증세로만 보는 차원을 넘어서 심층심리적 접근을 시도할 때, 중독에 빠지는 심리의 기저에는 무의식적 그리움, 이를테면 성장기 애착 관계 형성의 미흡함이나 실패에 대한 결핍 심리의 지속이 자리 잡고 있다는 것을 감지할 수 있다(D'Arienzo et al., 2019). AIDT는 중독에 빠지는 청소년 의식 깊숙한 곳의 애정 결핍과 이에 따른 '그리움'에 어떻게 작용할 것인지, 현 수준에서 예측하기는 어렵다. 중독의 문제뿐만 아니라 성장기에 흔하게 드러나는 아동과 청소년의 심리적 문제에 보다 능동적으로 대응하는 교사상에 대한 논의가 점증하는 오늘날, AIDT 사용의 증대가 도움이 될 것인지 예단하기 어렵다. 혹시 지식 학습의 부담을 AI가 더 지게 됨으로써 인간 교사는 인성교육이나 심리적 조력에 더 에너지를 쏟게 되는 것이 가능하게 되지는 않을까?

사. '배움은 기계가 인간 대신 해 주는 것'이라는 숨겨진 메시지가 확산하지는 않을까?

AIDT의 도입에 즈음하여 20세기 교육학계가 제기한 교수·학습 활동의 중요한 작용 중의 하나인 '숨겨진 커리큘럼'의 메시지를 재음미해봐야 할 것이다(Jackson, 1968). 앞으로 각급 학교의 AIDT 활용이 대폭 확장되어 모든 교과의 많은 부분에서 학생들이 활발하게 AIDT를 활용하게 된다고 가정해 볼 때, 이러한 교육의 장면이 비공식적으로 암암리에 전해 주는 메시지는 무엇이 될 것인가? 즉, AIDT가 활성화된 교육 현장의 숨겨진 커리큘럼은 무엇일까? 이 또한 사전에 예단하는 것은 어려운 일이지만, 만약에 학생들이 귀찮거나 힘든 정보 수집 및 수집된 정보의 정리, 보존 및 회수, 응용, 종합화 등의 다양한 학습활동을 갈수록 AI에게 전가하게 된다면 학습이란 손쉽고 깔끔하며 스트레스를 유발하지 않는 활동이 될 수도 있겠으나, 이런 학습 속에서 학생들은 이런 잠재된 메시지를 습득하게 되지는 않을까?: '모름지기 배움이란 기계가 인간 대신 해 주는 것이고, 인간은 그 과정의 결실만 따먹으면 된다.' 이 또한 어느 정도 SF적인 상상을 요청하기는 하지만, 만약에 지나치게 편리한 AIDT 덕분에 우리의 후대가 번거로우면서도 힘겨운 학습 과정을 기피하게 된다면, 현재 우리가 내비게이션 기기 덕분에(?) 운전하며 번거로운 길 표지 확인과 지형 파악, 방위 확인 및 지도 읽기 등의 역량을 상실하고 있듯이, 우리의 후대는 어쩌면 여전히 인류에게 요구되는 소중한 인식 역량을 잃게 되는 것은 아닐까? 배움은 과연 얼마나 편리해야 할까? 혹시 학습 과정에서 발생하는 어려움을 해소하거나 극복하는 것 자체에 가치가 있는 것은 아닐까? 우리는 편하기 위하여 배우는가, 아니면 불편을 통하여 성장하기 위하여 배우는가?

아. AIDT 도입으로 학생의 인격 성장에 어떤 효과가 일어날 때 우리는 흡족할 것인가?

지금까지 간략하면서도 단순하게나마 짚어본 여러 문제들의 함의를 정확하게 평가하기는 어려울 것이다. 왜냐하면 어떠한 새로운 환경적이거나 기술적인 변화가 발생하든지 간에, 그런 변화에 적응해 가는 인간의 행위의 성공도나 효과성을 평가할 절대적 기준이 무엇일지 합의하기는 어려울 것이기 때문이다. 이런 평가의 어려움은 실은 교육활동의 다양한 부문에서 항상 발생한다. 오늘날 비록 우리가 학습자의 학업성취도의 변화라든가 인지적 역량의 변화를 측정하고 평가하는 작업에서 많은 발전을 이루었다고 볼 수는 있겠지만, 학생의 비인지적 측면의 변화를 평가하는 작업에서는 많은 어려움을 겪고 있다고 하겠다. 쉽게 말해서 이를테면 특정 인성교육과정의 효과성을 평가하는 것은 지난한 과제라는 말이다(도승이 외, 2018). 학생의 인성을 함양하고자 하는 목표를 지향하는 특정 교육과정이나 프로그램의 실행에 개입되는 수많은 변수들—가정 변인, 신체적 건강 및 지능의 변인, 사회경제적 지위, 해당 시점의 사회 분위기나 문화적 특질, 자연재해나 정치문화적 변동, 선천적 기질 등등—을 가려내는 험난한 작업을 차치하고라도, 과연 우리는 어떤 개인의 인격의 어떤 요소들을 인성교육의 성공적인 산물이라고 규정할 수 있을 것인가? 동일한 질문을 AIDT 도입에 반응하는 학생들의 인성의 변화를 평가하는 작업에도 제기할 수 있을 것이다. 설령 AIDT 도입 이후에 학생의 인성에서 발생한 모종의 변화를 포착하는 것이 가능하다 하더라도, 그 변화가—긍정적이든, 부정적이든 간에—어떤 변인에 의하여 발생했는지 파악하기는 대단히 어려울 것이며, 나아가 학생 인성의 변화의 추이를 평생에 걸친 인격 성숙이라는 기준으로 평가하는 것은 더더욱 어려울 것이다. 특정 교육적 작용이 인간의 인격적 성숙에 끼치는 장기적 영향에 대한 신뢰할 만한 해답을 구축하는 것은 아직 교육연구자들에게는 미결의 과제로 남아 있다. 우리가 AIDT가 우리의 후대의 인간성에 끼친 영향을 이해하게 되는 것은 세월이 아주 많이 흐른 뒤에나 가능할지도 모른다.

자. 교원양성 및 재교육 과정에서 AIDT 활용에 대해 유념해야 할 윤리적 사안

AIDT 적용이 학생의 인격 성숙에 끼칠 수 있는 다양한 의문점에 대한 상기 논의를 기반으로, 필자는 교원양성 및 재교육 과정에서 다음과 같은 사안들을 고려하여 교육자의 윤리관을 생성하게 되기를 희망한다.

첫째, 교수자는 자신의 학생들의 학습과정에서 사회적 상호작용을 활성화시키는 방향으로 AIDT의 적용 범위를 신중하게 확장해야 할 것이며, 반대로 AIDT 활용이 학생 간 상호작용을 감소시킬 경우에는 이를 수정하기 위한 대책을 구안해야 할 것인바, 교원양성 과정은 이러한 교수자의 인식을 강화하는 내용과 사회적 학습을 확장할 실행 방안을 포함해야 할 것이다.

둘째, 학생의 인격 성장의 과정에서 '교사의 인격이 교과서'라는 금언을 상기하여, 교사의 인격 성장 본보기로서의 역할을 교사 자신이 인식하여야 한다. 특히 교사가 학생 개개인의 개성에 반응함으로써 학생의 개성화/자기실현을 이끌어 주는 역할을 AIDT가 대체할 수 없다는 명제에 대한 능동적 학습 과정을 교원양성 과정에 포함하여야 할 것이다.

셋째, 학생이 AIDT에 과몰입함으로써 인간 공동체가 지향하는 공동선에 대한 고민, 타인에 대한 공감력, 또 그 밖의 인간적인 감정적 역량의 성숙으로부터 멀어지지 않게 도울 수 있도록 교사 자신의 공동체성, 공감력 및 감정 역량을 배양하여 학생에 대한 상담자적 역할 수행에 도움을 줄 방안을 교원양성 과정에 포함하여야 할 것이다.

넷째, 교육을 학업성취도라는 단편적 기준으로 축소하지 않고 학습의 결과보다 과정 자체를 중시하며, 효율과 속도보다 장기적인 인격적 건강과 시민의식의 성장 등을 중시하는 교사의 가치관 형성에 도움을 줄 교육 내용을 교원양성 과정에 포함하여야 할 것이다.

III. 터미네이터, 매트릭스, 아실로마, 2024년도 노벨물리학상 수상자

인간이 AI를 얼마나 능동적, 주체적으로 이용할 것이냐, 아니면 인간이 AI에 이용될 것이냐 하는 문제는 실은 이미 SF 영역이 아니라 현실 사회에서 많은 이들이 제기하게 된 문제라 하지 않을 수 없다. 매스컴은 이미 AI의 자기보존 능력이라든가 도덕적 능력의 획득이라는 난감한 문제들의 도래를 예고하고 있고, 평범한 사람들도 OS의 코파일롯이라든가 스마트 기기의 AI '반려자'의 주관적 의식이 자라나고 있는 것은 아닐까 하는 상상을 문득 하게 되는 시대에 접어들었다. 20세기 후반 이래로 헐리우드 블록버스터인 『터미네이터』와 『매트릭스』 시리즈 등에서 인공지능에 지배당하는 미래 인류의 디스토피아의 참상이 충격적으로 그려졌고, 이러한 암담한 상상이 머지않은 미래에 현실이 돼 버릴 수 있다는 진단을 세계의 과학과 기술계의 지도자들이 본격적으로 제기하기 시작했다. 하여, 고 스티븐 호킹 박사를 위시하여 데미스 허사비스, 일론

머스크 등의 과학기술과 업계의 거물들이 2017년 캘리포니아 아실로마에 모여 AI 활용에 관한 23개의 협약을 제안하기도 하였으나, 2024년도 노벨물리학상 수상자이자 'AI의 대부'라 불리는 제프리 힌튼 교수는 자연계에서 더 지능이 높은 존재가 덜 똑똑한 존재에게 통제당한 일은 없었다며, 앞으로 30년 안에 인공지능에 의해 인류가 멸종당할 수 있다는 심각한 경고를 내놓기도 하였다.

이처럼 인간이 지구상에 존재하게 된 이래 최초로 직면하게 된 오늘날의 현실을 우리는 제대로 조감하며 파악하고 있다고 장담할 수 없다. 핵물리학의 천재 오펜하이머가 히로시마에 원자폭탄이 투하될 때까지도 새로운 대량 살상무기의 현실적 함의를 제대로 인지하지 못하고 있었듯이, AIDT를 대하는 우리의 인식은 이와 다르다고 장담할 수 있을까? 물론 인간은 언제나 미답의 길에 과감히 도전하여 위기를 극복하면서 전 지구의 지배종의 지위에 등극했다고 볼 수 있겠고—과연 그것이 지구 또는 인류를 위해서도 최선이었는지에 대한 질문은 제쳐 놓더라도—, 따라서 우리도 획기적이고도 과감한 자세로 AI 도전에 대응하여 능동적이고도 주체적으로 신기술을 활용해야 한다고 주장할 수도 있다. 그러나 돌다리도 두들겨 보고 가는 소심한, 또는 진중한 철학적 태도를 재삼 환기해 보자면, 그저 정치적 웅변이나 수사학적 차원에서 '경부고속도로나 인천공항 건설도 처음에는 다들 반대했다.'며 일단 밀어붙이면 다 될 것이라고 호언장담하는 것에 당연하다는 듯이 찬성할 수만은 없다. 길 닦고 건축하는 것보다 더 심각한 것이 실은 우리 후대의 정신을 갖고 실험하는 것이다. 알 수 없는 결과를 장담하며 우리의 후대에게 신속하면서도 일괄적인 실험을 감행하기보다는, 그 효과를 신중하게 예측하며 대응 및 적응해 갈 수 있는 시범 사업과 다양한 이벤트 등을 통하여 조금은 더 천천히 차분하게 AIDT 도입을 진행하는 방식을 교육 당국과 교육자들이 고려해 봐야 한다고 판단한다. 물론 인공지능이 세계의 경제를 바꿀 것이고 따라서 사회문화 및 정치에 막중한 영향을 끼칠 것이 확실시되는 현 상황에서 교육자들 역시 진취적으로 신기술 도입에 적극 나서야 하겠지만, 동시에 불확실성이 증대하는 전환기에 교원양성가들은 교육자의 기본적 인간적 역량의 상실을 방지하고 '기계심'을 극복하기 위한 대책을 마련할 것을 잊지 말아야 한다.

끝으로 현대교육의 틀과 내용의 형성에 큰 영향을 끼친 스위스의 교육사상가 요한 하인리히 페스탈로치(1746-1827)의 조언을 소환해 본다. 이 18세기의 선각자의 교육사상은 21세기에 이르러서는 이제 그 수명을 다하여 역사 뒤쪽으로 물러가야 할 것인지, 아니면 오늘날에도 여전히 그 통찰이 우리의 교육적 실천에 불을 밝혀 줄 수 있을 것인지, 철학자라면 쉽게 단정 지을 수는 없지 않을까?

> 시설, 방책, 교육 수단 등 집단과 군중과 그 필요 때문에 만들어진 이와 같은 것들은 그것이 어떤 형태와 어떤 모습으로 나타나든... 이것들은 인간을 교육하는 것들이 결코 아니다. 수천의 사례에서 이것들은 아무 소용도 없고 오히려 이들에게 대립되는 것이다. 우리 인류는 본질적으로 얼굴과 얼굴을 맞대고, 오직 가슴과 가슴으로 인간답게 인격을 도야할 수 있다. 그것은 본질적으로 오직 긴밀하고 작은 모임, 점진적으로 다정함과 사랑, 확신과 믿음으로 확대되는 모임에서만 이루어진다 (Jung, 1957/이부영, 2001: 84에서 재인용).

참고문헌

도승이 외(2018). 『인성교육의 이론과 실제』. 학지사.

Jung, C. G. (1957). *Psychiatric Studies. The Collected Works of C. G. Jung (Vol I)*. 한국융연구원 C. G. 융 저작 번역위원회 역(2001).『정신요법의 기본 문제 - C. G. 융 기본 저작집 1』. 솔 출판사

이부영(2011). 『분석심리학 - C. G. 융의 인간심성론』. 일조각

이상헌(2017). 『철학자의 눈으로 본 첨단과학과 불교』. 살림.

Anyon J. (1997). *Ghetto Schooling: A Political Economy of Urban Educational Reform*. Teachers College Press.

Bandura A. (2023). *Social Cognitive Theory: An Agentic Perspective on Human Nature*. John Wiley & Sons, Inc.

Baron, N. (2023). *Who Wrote This?* 배동근 역(2025). 『쓰기의 미래』. 북트리거.

D'Arienzo, M. C. et al. (2019). Addiction to Social Media and Attachment Styles: A Systematic Literature Review. *International Journal of Mental Health and Addiction* 17, 1094-1118.

Erikson, E. (1950). *Childhood and Society*. W. W. Norton & Co.

Jackson, P. (1968). *Life in Classroom*. Teachers College Press.

Jackson, P. et al. (1998). *The Moral Life of Schools*. Jossey-Bass.

Steele, S. (2015). *The Pursuit of Wisdom and Happiness in Education: Historical Sources and Contemplative Practices*. SUNY Press.

제5장

학습 윤리 관점에서 바라보는 생성형 AI 활용 수업과 과제

이지연

제5장

학습 윤리 관점에서 바라보는 생성형 AI 활용 수업과 과제

이지연

전 세계적으로 빠르게 확산되고 있는 생성형 AI는 교육 분야에서도 개인 맞춤형 학습 지원, 교수·학습 자료 개발, 학습 성과 분석 등 다양한 목적으로 활용되며, 교육의 효율성과 성과를 향상시킬 것으로 기대된다. 그러나 이러한 가능성이 교육 현장에서 실현되기 위해서는 단순 암기나 반복 학습에 의존하는 주입식 교육에서 벗어나 비판적 사고력, 창의성, 그리고 AI와의 협업 능력과 같은 고차원적 역량 개발을 교육의 중요한 목표로 삼는 새로운 교육적 전환이 요구된다. 이와 함께, 생성형 AI의 활용에 관한 교원양성 기관 및 교사 차원의 윤리기준도 함께 마련되어야 한다. 이에 본고는 학습 윤리 관점에서 생성형 AI 활용 수업의 교수자가 당면한 도전과 대응 방안을 살펴보고, 교원양성 및 재교육 기관과 교수자 차원의 실천적 가이드라인을 제안하고자 한다.

Ⅰ. 생성형 AI 시대의 도래와 교육 패러다임의 변화

ChatGPT를 비롯한 생성형 AI의 대중화로, 우리 사회는 데이터 기반 인공지능 시대로 빠르게 접어들고 있다. OpenAI에 따르면 생성형 AI(generative AI)는 인간과 유사한 방식으로 자연어를 이해하고 생성하는 인공지능으로, 기계학습 알고리즘과 대규모 데이터를 기반으로 문장 생성, 텍스트 번역, 통계자료 해석 등 복잡한 작업을 수행할 뿐 아니라 글, 이미지, 음악, 영상 등 다양한 유형의 창의적 콘텐츠를 생성하는 것도 가능하다(IBM, n.d.; Gartner, n.d.). ChatGPT는 출시 후 불과 5일 만에 100만 명의 사용자를 확보하고, 두 달만에 월간 활성 사용자 1억 명을 돌파하는 등 이례적인 성장세를 보이며 인공지능 기술 분야에 새로운 이정표를 세웠다. 같은 사용자 수를 달성하기까지 인스타그램(Instagram)은 약 2년 6개월, 틱톡(TikTok)은 9개월이 걸린 것과 비교하면 그 속도는 압도적이다(Roose, 2023).

이러한 생성형 AI의 등장은 교육, 의료, 금융 등 다양한 분야에서 획기적인 변화를 가져올 것으로 기대된다. 특히 교육 현장에서는 학습자 맞춤형 지원, 교수·학습 자료의 효율적 제작, 학습 성과 분석 등 다양한 방식으로 적용되며, 교육의 질과 효과 향상에 기여할 것으로 전망된다. 2024년 미국의 Center for Democracy & Technology(이하 CDT)가 중등학교 교사 1,028명과 학생 1,006명을 대상으로 실시한 설문 결과에 따르면 교사의 67%, 학생의 70%가 생성형 AI를 사용하고 있으며, 교사는 주로 학교 업무(46%)를 위해 그리고 학생은 개인적 용도(60%)로 사용하는 것으로 나타났다(CDT, 2025, [그림 Ⅴ-1] 참조). 아시아 태평양 지역

13개국의 대학생 2,903명을 대상으로 실시한 설문조사에서도 80%의 응답자가 생성형 AI를 학습에 활용하고 있으며, 생성형 AI의 사용이 업무 능력 및 학습 성과의 향상으로 이어졌다고 응답했다(한국 딜로이트 그룹, 2024, [그림 V-2] 참조).

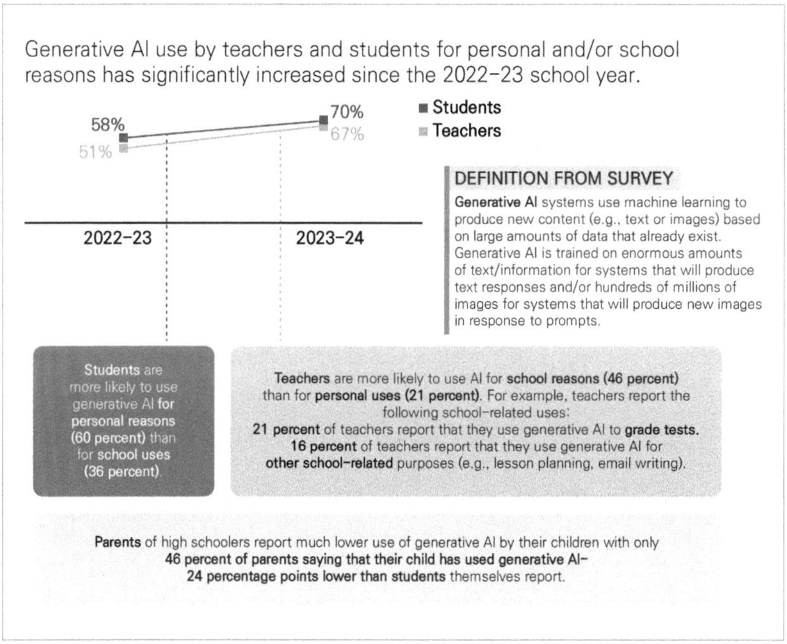

[그림 V-1] 2023-24 미국 중등학교 교사와 학생들의 생성형 AI 사용 현황

출처: CDT(2025: 19)

이와 같은 사회적 변화와 요구에 대응하여 교육부(2021)는 2022 개정 교육과정은 모든 교과에서 인공지능 활용을 적극 권장하며, AI 리터러시 함양을 위한 기반을 마련하고자 했다(교육부, 2021). 이처럼 인공지능을 적극적으로 도입하도록 권고하고 있으며, 미래 사회의 인재를 양성하기

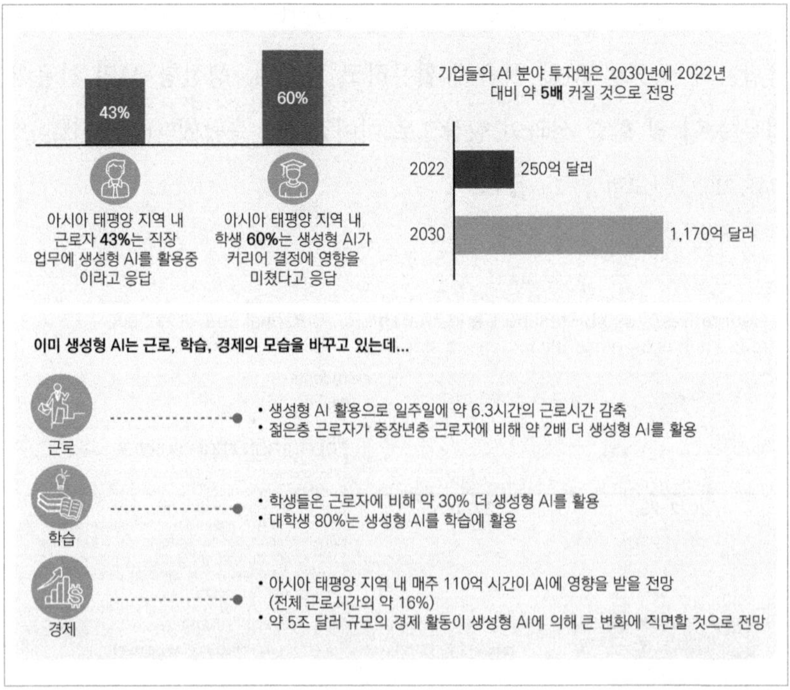

[그림 V-2] 아시아 태평양 지역 근로자와 학생들의 생성형 AI 활용 현황

출처: 한국 딜로이트 그룹(2024: 4)

위한 교육의 패러다임도 빠르게 변화하고 있다. 인간의 인지 능력을 뛰어넘는 속도로 방대한 데이터를 처리하고, 복잡한 패턴을 인식하며, 다양한 분야에서 창의적인 결과물을 만들어 내는 AI 기술이 고도화되고 보편화된 사회에서 단순 암기나 반복 학습에 기반한 주입식 교육의 효용성에 대한 근본적인 재고가 필요하다. 일방적인 정보 전달이나 기계적인 문제해결 능력 향상에 초점을 맞출 것이 아니라, 비판적 사고력과 창의성, 그리고 AI와의 효과적인 협업능력 등 고차원적 역량의 개발이 교육의 목표가 되어야 한다. 학습자와 인공지능 간 상호작용에 대한 교수자

의 깊이 있는 이해와 함께, 수업과 관련하여 주어지는 학습과제를 수행하기 위해 학습자가 어떤 방식으로 생성형 AI를 활용하는 것이 더 효과적이고 교육적으로도 더 바람직한지에 대한 교수자의 전문적 통찰과 신중한 판단이 필요하다.

이에 본고에서는 학습을 촉진하는 좋은 수업의 관점에서 생성형 AI 시대의 교수자들이 수업과제를 설계하고 학생들의 효과적이고 윤리적인 과제 수행을 지원하기 위한 교수·학습 전략을 살펴보고자 한다.

II. 학습을 촉진하는 좋은 수업과 과제

1. 학습의 의미

인간이 성장하고 다른 이들과 어울려 살아가면서 필요한 생존능력을 습득하기 위해 꼭 필요한 기제인 학습은 자연적으로 일어나는 신체적 변화인 성숙(maturation)과는 달리, 반복적 경험 또는 훈련과 같은 자극이나 노력에 의해 학습자가 새로운 지식이나 기술, 태도 등을 배우고("學[학]") 익혀서("習[습]") 자신의 것으로 만드는 과정에서 일어나는 비교적 영속적인 변화를 의미한다(양용칠, 2014). 각각 형성문자와 회의문자의 특징을 반영하여 배움과 익힘의 과정을 상징적으로 담고 있는 '학(學)'과 '습(習)'의 어원을 통해 '학습'의 의미를 살펴보면 아래 [그림 V-3]과 같다. 갑골문에 새겨진 배울 '학(學)'은 아이(子)가 집(宀)에서 두 손(臼)으로 매듭(爻)짓는 법을 배우는 모습을 그리며 중요하고 기초적인 내용을 모방하여 깨우치는 수동적 학습의 의미를 담고 있다면, 새의 깃털을 뜻하는 '羽[우]'와 해가 떠서 지기까지 긴 시간을 뜻하는 '日[일]'로 구성된

익힐 '습(習)'은 어린 새가 깃털을 퍼덕이며 오랜 시간 날갯짓을 익히는 모습으로 반복을 통해 어렵고 도전적인 내용을 자기 것으로 내면화하는 능동적 학습의 의미로 해석해 볼 수 있다(하영삼, 2019).

[그림 V-3] 한자(漢字) 어원을 통해 살펴보는 '학습'의 의미

출처: 하영삼(2019). 학(學), 배움의 변증법. 월간중앙, 242; 신동윤 · 변아롱 · 박혜현(n.d.). 한자로드(路)

이처럼 의미 있는 학습이 일어나려면 먼저 명확한 학습의 목표를 정하고, 주어진 학습내용을 자신의 것으로 만들기 위해 의도적이고 반복적으로 배우고 익히는 학습자의 적극적인 노력이 반드시 따라주어야 한다. 수업의 목적이 학습자의 학습을 촉진하는 것이라 한다면, 좋은 수업이란 교수자가 단순히 학습할 내용을 조직화하여 학습자에게 전달하는 데에서 한걸음 더 나아가 학습자가 수업을 통해 제시되는 새로운 내용을 자신의 것으로 만들기 위해 스스로 이해를 점검하고 조직화할 수 있는 활동과 기회를 제공하여 의미있는 학습을 가능케 할 수 있어야 한다.

2. 좋은 수업의 구성요소

그렇다면 교수자의 일방적인 지식 전달을 지양하고 학습자의 적극적이고 자발적인 참여와 의미 구성, 내면화된 지식의 적용을 강조하는 '좋은 수업'은 어떤 모습이어야 할까? 수업의 목표가 학습자로 하여금 수업내용을 배우고 익혀 자신의 것으로 만들 수 있도록 돕는 것이라고 한다면, 이러한 목표를 성공적으로 달성하기 위한 좋은 수업은 다음과 같은 세 가지 요소들을 갖추어야 한다.

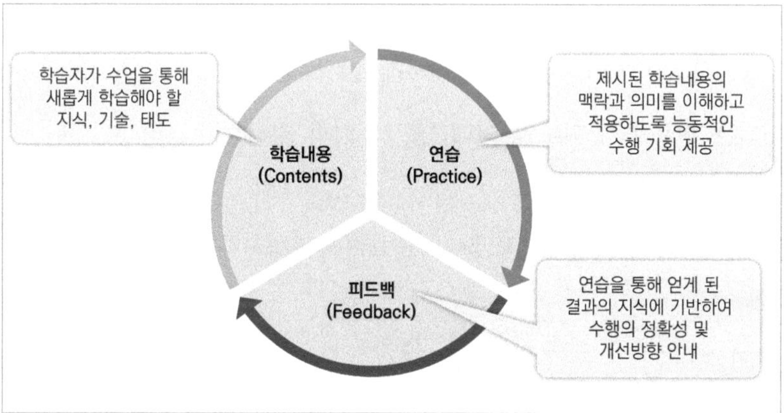

[그림 V-4] 학습을 촉진하기 위한 좋은 수업의 3요소

출처: 권나영 외(2018)

가. 학습내용

'학습내용'이란 학습자가 수업을 통해 새롭게 학습해야 할 지식, 기술, 태도 등을 의미한다. 수업 중 학습자에게 제시할 학습내용을 국어, 영어, 수학과 같이 교과나 전공에 따라 구분하는 것이 일반적이지만, 수업을 계획하고 준비하는 교수자의 관점에서는 학습의 최종목표, 즉 학습자가 학습을 통해 습득하게 되는 내용의 유형에 따라 구분하는 것이 보다 더 유용하다. 가네(Gagné)는 학습의 유형을 인지적, 정의적, 심동적 영역으로 구분하고, 각 영역에 속하는 학습내용을 가르치기 위해서는 서로 다른 교수전략이 필요하다고 전제하였다. 블룸(Bloom)은 학교 학습에서 가장 큰 비중을 차지하는 인지적 영역을 중심으로, 수업을 통해 학습자에게 제시되어야 할 내용 수준을 크게 지식 - 이해 - 적용 - 분석 - 종합 - 평가의 6가지 단계로 분류하였는데, 각 단계별 정의와 학습자에게 기대되는 활동을 살펴보면 아래 [표 V-1]과 같다.

[표 V-1] 블룸(Bloom)의 인지영역 수준 분류 및 학습자의 기대행동

인지수준	정의	기대행동
지식	학습한 내용 및 정보를 기억하고 상기해 내는 능력	개념 정의, 사실 묘사, 특징 서술 등
이해	자료의 의미를 단순히 이해하고 해석하는 능력	번역, 내용 설명 및 요약, 정리 및 부연 등
적용	학습내용을 구체적인 상황과 사례에 적용하는 능력	다른 맥락 및 사례에의 적용, 개인적 경험에 기반한 성찰 및 소감 표현 등
분석	내용 속 요소 및 부분의 구조적 관계를 파악하고 원리 등을 분석해 내는 능력	이론과 실제의 관련성을 분석 및 도출, 관련 예시 및 사례 발굴·제안 등

종합	여러 요소나 부분을 결합·통합하여 새로운 전체를 구성해 내는 능력	문제해결 방안 구성 및 산출, 해결안 모색 및 제안 등
평가	주제 및 방법의 가치 및 중요성을 기준에 따라 판단·평가하는 능력	비판적 평가, 논리적 의사결정 등

출처: 윤가영·장선영(2023: 466)

나. 연습

'연습'이란 교수자가 학습자에게 일방적으로 학습내용을 제시하는 데 그치지 않고, 학습자가 새로운 내용이 제시되는 맥락과 의미를 정확히 이해하여 장기기억으로 저장할 수 있도록 능동적인 수행의 기회를 충분히 제공하는 단계를 의미한다(권나영 외, 2018). 그렇다면 수업에서 학습자에게 제시되는 학습내용에 대한 연습은 어떤 방식으로 이루어져야 할까?

메릴(Merrill)은 학습자가 서로 다른 유형의 학습내용을 연습해 보기 위한 수행의 수준을 다음과 같이 3단계로 구분하여 제시하고 있다:

- **기억하기**(remember): 학습자가 특정 사실, 개념, 절차, 원리 등을 기억하는 단계로, 학습자가 학습내용을 완벽히 이해하지 못한 상태에서 단순기억에 의존하여 암기한 내용을 반복할 수 있다는 점에 주의할 필요가 있다.
- **활용하기**(use): 수업에서 제시된 개념, 절차, 원리 등을 실제 상황이나 문제에 적용하여 사용하는 단계로, 학습내용에 대한 이해가 없으면 새로운 상황에의 적용이 어려우므로 활용하기는 교수자가 학습자

의 이해 정도와 성취수준을 파악하는 데 매우 유용하다.

- **발견하기**(find): 학습자가 주어진 학습내용과 관련하여 수행할 수 있는 가장 창의적이고 고차원적인 수준의 연습으로, 특정한 상황에서 다양한 정보가 주어졌을 때 학습자가 문제해결을 위해 필요한 개념, 절차, 원리 등을 논리적으로 도출하거나 새로운 해결방안을 발견하는 것을 뜻한다.

다. 피드백

피드백이란 "학습자의 실제 학습 상태 및 수행에 대한 정보를 제공하기 위한 모든 유형의 의사소통"(임규연 외, 2023: 512)을 의미하며, 흔히 피드백이라고 하면 학습자가 제출한 최종 결과물에 대해 제공하는 평가처럼 생각하기 쉽지만 학습을 촉진하는 좋은 수업에서 피드백이란 다양한 학습자 참여활동 과정에서 학습에 대한 증거를 수집하고 분석하여 학습의 개선을 위해 학생들에게 적시에 필요한 내용을 제공하는 것으로 접근해야 한다(Brookhart, 2020).

피드백은 학습 목적과 내용에 따라, 학습자에게 응답과 행위의 정확성을 알려 주기 위한 교정적 피드백(corrective feedback), 힌트와 핵심질문을 통해 수정이 필요한 부분을 지적하기 위한 제안적 피드백(suggestive feedback), 학습자의 과업에 대한 추가 정보를 제공하기 위한 정보적 피드백(informative feedback), 학습자의 동기를 강화하여 문제해결을 계속 장려하기 위한 동기부여적 피드백(motivational feedback)으로 구분된다(김동심 외, 2024).

학습자에게 피드백을 제공하는 주체(agent)는 교사나 동료 학생, 교과서, 영상매체 등 매우 다양하며, 최근 고도화되고 있는 생성형 AI와 축적된 빅데이터를 활용하여 학습과정 및 수행 관련 데이터 수집이 용이해지면서 테크놀로지에 기반한 시스템이나 프로그램이 자동으로 학습자에게 제공할 피드백을 생성하고 즉각적으로 전달하는 것이 가능해졌다.

'투입 - 과정 - 결과 - 피드백(feedback)'이라는 체제이론의 관점에서 수업을 바라보면, 학습내용은 학습을 위한 투입(input)에 해당하며, 학습내용에 따라 수준을 달리하여 이루어지는 연습은 과정(process), 그리고 학습자가 학습내용과 관련한 연습을 통해 습득한 지식, 기술, 태도 등은 결과(outcome)에 해당한다고 할 수 있다. 학습자가 연습을 통해 주어진 학습내용을 정확히 이해하고 학습목표에 따라 적절한 수준에서 학습내용을 적용하여 문제를 해결할 수 있는지, 연습을 통해 얻게 된 결과의 지식(knowledge of results)에 따라 학습자에게 수행의 정확성이나 오류 수정을 위한 개선방향을 알려주는 피드백(feedback)은 지속적인 학습을 위한 학습자의 동기를 강화하고, 교수자로 하여금 개별 학습자가 주어진 내용을 학습하는 과정에서 겪는 어려움을 파악하고 적절히 개입하여 학습결손을 보충함으로써 성공적인 학습을 촉진하는 핵심요소라 할 수 있다.

3. 좋은 수업에서 '과제'의 의미

앞서 살펴본 것처럼 이상적인 수업은 학생들이 새롭게 학습할 내용과 학습한 내용에 대한 이해를 점검해 보기 위한 연습, 그리고 그러한 수행의 과정과 결과에 대한 피드백이 적절한 균형을 이루며 학습자의 학습을 촉진하는 수업이다. 이러한 수업에서 학습자는 다양한 수행과제를 통해 스스로 배움을 점검해 볼 수 있고, 시험을 통해서는 발휘하지 못했던 각자의 논리력, 창의력 등을 발휘하여 보다 높은 수준의 지식을 응용해 볼 수 있다. 이처럼 과제는 학습자가 주체적으로 지식을 학습할 수 있도록 도와주는 중요한 교수-학습 요소이며, 학습과정과 수행에 초점을 맞추어 체계적으로 설계된 수업과제는 학습내용에 대한 학습자의 연습과 교수자의 피드백이라는 효과적인 학습의 선순환과 환류를 가능하게 한다(이지연 외, 2013).

대학 수업의 과제 유형과 평가 특성에 따른 학습 효과의 차이를 질적으로 분석한 윤가영 외(2024)의 연구에 따르면 학습 효과가 낮은 수업은 주로 정리 및 요약 과제, 문제 풀이 과제, 단일 보고서(리포트) 중심으로 과제가 주어졌고, 평가의 초점이 고등 인지보다 정리 · 요약 등 기초 인지 활용에 맞추어진 암기 중심의 퀴즈와 지필평가의 비중이 높으며 교수자의 피드백을 통한 개선과 환류가 부재한 특징을 가지고 있었다. 반면, 학습 효과가 높은 수업은 관찰 및 성찰형 과제, 수행 및 실습형 과제, 단계별 프로젝트형 과제와 같이 비교적 높은 학습량을 요구하는 도전적인 난이도의 과제가 주어졌으며 과제 수행 과정에서의 원활한 소통과 교수자의 적시적 피드백을 통해 학습자의 참여와 성장을 향상시키는 것으로 나타났다.

III. 생성형 AI 시대 교수자가 직면한 도전과 대응전략

1. 생성형 AI와 학습 윤리

생성형 AI는 여러 장점에도 불구하고, 부정확하거나 편향된 정보 제공, 저작권 침해, 개인정보 유출과 같은 다양한 윤리적 쟁점을 야기할 수 있다(박길자 외, 2024; 연세대학교 연구윤리센터, 2024). 이중 가장 주목해야 할 것은 학습 윤리이다. 학습 윤리는 '학문을 탐구하는 학습의 전 과정에서 요구되는 윤리의식이자 수강, 과제물 작성 및 제출, 시험 등과 같이 대학에서의 모든 학습활동에서 학생이 지켜야 할 윤리'로 정의된다(이지연 외, 2013). 생성형 AI가 이러한 학습 윤리와 관련하여 야기할 수 있는 문제들은 크게 두 가지 측면에서 생각해 볼 수 있다.

첫 번째는 시험 중 부정행위와 함께 대표적인 학업부정 행위에 속하는 과제 표절에 대한 우려이다. 과제 작성시 생성형 AI의 도움을 받아 참고한 자료의 출처를 누락하거나 부적절한 방식으로 인용하는 경우, 생성형 AI가 작성한 내용의 일부 또는 전체를 자신의 것인 양 제출하는 경우, 그리고 생성형 AI 사용이 허용되지 않는 과제나 활동을 생성형 AI의 도움을 받아 작성하는 경우 등이 여기에 속한다.

표절(plagiarism)이란 "다른 사람의 저작을 자기 것이라고 제시하는 것 또는 저자의 동의 없이 함부로 쓰는 행위"로(American Historical Association, 2007), 대학생의 표절에 관한 기존의 연구들을 살펴보면, 표절을 시험 중 부정행위나 각종 문서의 위조 및 변조 등을 포함하는 포괄적인 학업부정 행위(academic dishonesty)의 한 유형으로 규정하고 있는 경우가 대부분이다(강지혜 외, 2017; 오영희, 1995; 이지연, 2012;

Bennett, 2005). 세계 최대 규모의 학술 데이터베이스를 기반으로 140개국 16,000여 교육기관에서 활용되는 문서 유사도 분석 플랫폼인 Turnitin은 대표적인 표절 유형을 아래 [표 V-2]와 같이 구분하여 표절에 대한 교수자와 학습자의 이해를 돕고 있다.

[표 V-2] 표절의 유형

유형	설명
Clone	다른 사람의 저작물을 그대로 자신의 것인 양 제출하는 경우
CTRL-C	하나의 출처에서 상당 분량의 지문을 그대로 가져와 사용하는 경우
Find-Replace	다른 사람의 저작물을 주요 키워드나 문장만 바꾸고 나머지는 그대로 사용하는 경우
Remix	다양한 출처에서 가져온 지문들을 조금씩 변형하여 하나로 짜깁기하는 경우
Recycle	저자 자신의 이전 저작물을 별도의 인용 없이 가져와 사용하는 경우
Hybrid	출처를 정확히 밝힌 인용문과 그렇지 않은 인용문을 적절히 섞어 사용하는 경우
Mashup	다양한 출처에서 복사해 온 지문들을 적당히 섞어서 하나로 짜깁기하는 경우
404 Error	존재하지 않거나 부정확한 출처를 인용하는 경우
Aggregator	모든 출처를 정확히 인용하였지만 저자 자신의 고유한 창작물이 포함되지 않은 경우
Re-Tweet	출처를 정확히 인용하였지만 원저자의 저작내용과 형식에 지나치게 의존하고 있는 경우

출처: Turnitin

이처럼 다양한 양상으로 이루어지는 과제 표절을 방지하기 위해 국내외 대학들은 Turnitin, 카피킬러 등 표절예방시스템의 도입과 함께 글쓰기와 보고서 작성법 위주의 윤리교육 프로그램을 제공하고, 표절 및 시험부정 행위에 대한 기준 및 처벌 규정을 담은 학생윤리 강령을 제정하여 배포하고 있다. 특히 최근에는 생성형 AI와 관련된 별도의 규정과 가이드라인을 제정하여 교수자와 학습자에게 배포하는 대학이 늘고 있는 추세이다([표 V-3] 참조).

[표 V-3] 국내외 대학의 생성형 AI 활용 가이드라인 제공 현황

대학명	주요 내용(출처)	제정일
경희대학교	ChatGPT 활용 가이드라인	2023.08.
고려대학교	ChatGPT 등 AI의 기본 활용 가이드라인	2023.03.
부산대학교	AI 올바른 활용 위한 가이드라인	2023.03.
성균관대학교	ChatGPT 종합 안내 페이지	2023.03.
중앙대학교	생성형 AI 활용 가이드라인	2023.04.
연세대학교	ChatGPT 등 인공지능 학습 활용 방안	2023.03.
이화여자대학교	생성형 AI 활용 윤리지침	2023.07.
Harvard University	생성형 AI 도구사용을 위한 가이드라인	2024.01.
Stanford University	교수자와 학생을 위한 생성 AI 정책 가이드라인	n.d.
The Chinese University of Hong Kong	교수 학습 평가에서 AI 도구 사용을 위한 학생용 가이드라인	2023.04.
University of Edinburgh	생성형 AI를 사용하는 학생들을 위한 가이드라인	n.d.
University of Pennsylvania	ChatGPT 대응 방안	n.d.
University of New South Wales	교직원의 윤리적이고 책임감 있는 AI 활용을 위한 가이드라인	2020.02.
Yale University	교수자를 위한 가이드라인	n.d.

출처: 서지우(2023: 69)의 표를 수정보완

앞서 살펴본 학습 윤리 교육의 가장 큰 문제점은 학생들의 전공 및 수준에 따라 수업방식 및 과제들이 매우 다양함에도 불구하고, 일회성 혹은 단기로 단일한 교육과정을 도입하여 대학생들의 실제 과제 수행에 유의미한 변화를 유도하기 어렵다는 것이다(이지연 외, 2013). 많은 대학들이 제공하고 있는 생성형 AI 활용 가이드라인에도 동일한 맥락에서 같은 한계를 지니고 있는데, AI 윤리 및 학업 윤리 강화를 위한 교육 프로그램, 표절검색 시스템, 글쓰기 교육과 같은 기존의 접근방식 이외에도, 학습자가 수업과 관련된 과제를 작성하는 실제 교수-학습 상황에서 생성형 AI의 효과적이고 바람직한 활용을 통해 자기주도적이고 윤리적인 과제 수행을 지원할 수 있도록 보다 근본적인 변화가 필요하다.

두 번째는 기술적으로 표절에 해당되지 않더라도 생성형 AI 사용이 오히려 학습자의 학습목표 달성을 저해하는 '학문적 태업(academic slacking)'에 대한 우려이다. 생성형 AI는 학습자의 학습과 이해를 촉진하는 용도로 사용될 수도 있지만, 학습자의 자기주도성과 비판적 사고가 결여될 경우에는 수업의 주요 학습목표를 우회하는 바람직하지 못한 방식으로 사용될 수도 있다. ChatGPT를 사용하여 빠르고 편리하게 과학 수업의 실험보고서를 작성한 학습자는 추상적이고 고차원적인 과학적 개념을 이해하기 위한 실험 과정에서의 단계별 사고를 거치지 않아 과제 수행이 과학적 사고 및 탐구능력 향상이라는 학습목표의 달성으로 이어지지 못할 것이다(이용상 외, 2024). 따라서 학생들이 주어진 학습내용을 오롯이 자신의 것으로 만들기 위해 주체적이고 도전적으로 탐구하고 실험하는 연습의 기회를 박탈하지 않으면서 효과적인 학습도구로서 생성형 AI를 윤리적으로 활용하여 학습의 과정을 풍요롭고 흥미롭게 하고 학습의 최종 결과물의 완성도를 높일 수 있도록 해야 할 것이다.

이러한 문제점을 해결하기 위해 교원양성 및 재교육 기관 차원에서 광범위한 정책, 윤리적 기준, 기술 인프라를 구축하여 조직적이고 전략적인 관점에서 생성형 AI의 효과적인 통합 및 활용 방향을 제시하고 지원할 필요가 있다. 첫째, 대학은 생성형 AI 사용에 대한 기관 차원의 정책과 윤리기준을 마련하고, 교수자와 학습자를 위한 별도의 교육 프로그램을 제공해야 한다. 둘째, 수업과 학습을 위한 생성형 AI의 효과적 사용법과 우수 수업 사례를 적극적으로 발굴하여 공유함으로써, 교수자와 학생들이 AI를 효과적으로 활용할 수 있는 방안을 모색해야 한다. 셋째, 교수자가 자신의 전문성과 과목 특성 및 수업 여건을 고려하여 생성형 AI 활용 여부 및 범위를 전문적 판단에 따라 자율적으로 결정할 수 있도록 지원해야 한다. 마지막으로, 생성형 AI 관련 다양한 윤리적 이슈에 대한 교수자의 이해와 대처를 돕기 위해 필요한 정보와 자원을 제공하여 교육 목표 달성을 위한 기술의 윤리적 활용을 촉진해야 한다.

2. 생성형 AI 활용 수업의 과제 설계 및 모니터링 전략

교수자는 '내용 - 연습 - 피드백'이라는 좋은 수업의 3요소를 고려하여 생성형 AI가 학습자의 학습을 저해하지 않고 학습 참여와 학습 성과를 실질적으로 지원할 수 있도록 학습과제와 수행지침을 제시할 필요가 있다. 아래 [표 V-4]는 윤가영 외(2024), 이지연(2012), 이화여자대학교(2023) 등 여러 연구와 자료들을 종합하여 AI 활용 수업에서 학습효과를 높이고 과제 표절을 지양하기 위한 교수자 가이드라인을 제시하였다.

[표 V-4] AI 활용 수업의 과제 설계를 위한 교수자 가이드라인

가이드라인	출처
1. 과제 수행시 생성형 AI의 활용이 학습자의 학습목표 달성에 미치는 긍정적, 부정적 영향을 모두 검토하고, 수업에서 허용되는 생성형 AI 사용 범위와 가이드라인을 제시하라.	이화여자대학교 (2023)
2. 본 수업에서 학습자에게 기대되는 윤리수준과 과제 수행 시 생성형 AI를 사용했을 때 기대할 수 있는 효과와 한계점을 학생들에게 구두와 서면으로 명확히 안내하라.	이지연(2012), 이화여자대학교 (2023)
3. 생성형 AI 활용 수업에서 다음의 특성을 갖는 과제를 지양하라: • 생성형 AI를 활용하여 빠르고 쉽게 답을 얻을 수 있는 단순 지식이나 사실 중심의 과제(정리 및 요약, 번역, 기계적 문제풀이 등) • 학습자의 수준에 비해 난이도가 지나치게 쉽거나 어려운 과제	윤가영 외 (2024), 이지연(2012)
4. 생성형 AI 활용 수업에서 다음의 특성을 갖는 과제들을 지향하라: • 생성형 AI를 활용하여 검색/작성한 자료에 추가적으로 학습자의 분석과 판단, 가공을 요구하는 과제(루브릭이 주어진 사례분석, 조별 과제, 문제해결형 프로젝트 등 적용 및 분석, 종합 및 평가 수준의 과제) • 학습자의 경험과 관점, 취향을 드러낼 수 있는 창의적인 과제 • 교육 목표 달성 과정에 초점을 두고 순차적으로 하위 과제를 해결하여 최종 결과물에 도달하는 과제 • 단순 지식 평가가 아니라 지식에 대한 검증능력이나 지식을 직접적으로 활용하는 능력을 평가하는 과제	윤가영 외 (2024), 이지연(2012), 이화여자대학교 (2023)
5. 각 과제의 특성에 맞게 학생들이 효과적으로 과제를 수행할 수 있도록 생성형 AI 활용 방법에 대해 구체적으로 안내하라(효과적인 프롬프트 작성법, 다양한 프롬프트에 대한 반복적인 실험과 피드백 공유 등).	이화여자대학교 (2023)

AI 활용 수업의 교수 목표 달성과 학습의 질적 향상을 위해서는 대학 차원에서 제공되는 생성형 AI의 윤리적 활용 가이드라인이나 AI표절 검사만으로는 충분하지 않다. 수업 차원에서 유의미한 수업과제를 제공하고 학생들의 과제 수행 과정을 보다 체계적으로 모니터링하며 적절한 피드백을 제공할 수 있도록 돕기 위한 생성형 AI 활용 교수-학습 전략을 모색해야 할 것이다.

참고문헌

강지혜 · 이지연(2017). 수업과제와 표절에 관한 예비교사의 인식과 영향요인. 『교육공학연구』 33(2). 397-419.

교육부(2021). 2022 개정 교육과정 총론. 교육부.

권나영 · 박선미 · 신명선 · 이지연(2018). 『예비교사를 위한 수업 이해와 설계』. 인하대학교 출판부.

김동심 · 류다현 · 박규동 · 강혜신(2024). AI기반 실시간 온라인 교육 맞춤형 피드백 시스템 효과성 평가. 『컴퓨터교육학회논문지』 27(7). 11-23.

서지우(2023). 중앙대학교 생성형 AI 활용 교육 및 관련 사례. 『한국의학도서관협회지』 50(1, 2). 65-73.

양용칠(2014). 『수업의 조건』. 교육과학사.

윤가영 · 장선영(2025). 대학 수업에서 교수자의 생성형 AI 활용 가능성 탐색: 지양해야 할 과제와 지향해야 할 과제를 중심으로. 『학습자중심교과교육연구』 25(2). 463-480.

이용상 · 권태현 · 김종민 · 김현정·신동광 · 심우민 · 임해미 · 정혜경 · 조규락(2024). 『디지털 시대의 인공지능과 교육』. 학지사.

이지연 · 이은혜(2013). 대학생의 과제물 수행에 영향을 미치는 요인. 『교육방법연구』 25(1). 95-125.

임규연 · 차수민 · 이다혜(2023). 자동화된 피드백에 대한 체계적 문헌 고찰: 2013-2022년 국내 연구를 중심으로. 『교육정보미디어연구』 29(2). 511-540.

American Historical Association. (2007). Statement on standards of professional conduct. https://www.historians.org/resource/defining-plagiarism/ (2025. 2.1. 검색)

Bennett, R. (2005). Factors associated with student plagiarism in a post-1992 university. Assessment & Evaluation in Higher Education, 30(2), 137-162.

Brookhart, S.(2017). How to give effective feedback to your students(2nd ed).

손원숙 · 노현종 · 유신복 · 신이나 · 박상현 공역(2020). 『현장 교사를 위한 효과적인 피드백 방법』. 학지사.

Center for Democracy & Technology(CDT)(2025). Out of step: Students, teachers in stride with EdTech threats while parents are left behind. https://cdt.org/wp-content/uploads/2024/12/CDT-Out-of-Step-010225.pdf (2025.2.1. 검색)

Lin, C. S., & Wen, L. M. (2007). Academic dishonesty in higher education - a nationwide study in Taiwan. Higher Education, 54, 85-97.

Roose, K.(2023, February 8). Why ChatGPT is the fastest growing Web platform ever. TIME. https://time.com/6253615/chatgpt-fastest-growing/ (2025.2.1. 검색)

제6장

초 · 중학교에서 메타버스 활용 수업 실행을 위한 학습 윤리에 대한 논의

이영태

제6장

초 · 중학교에서 메타버스 활용 수업 실행을 위한 학습 윤리에 대한 논의[1)]

이영태

본고는 지난 2년 동안 수행한 '학습자 중심의 학습 환경 제공을 위한 메타버스 활용 교수 · 학습 방안 연구'를 중심으로 정부의 정책과 초 · 중학교에서 메타버스 활용 수업의 실재(實在)에 대해서 탐색하고, 단위 학교에서 메타버스 활용 수업이 갖는 의미는 무엇이며, 수업 혁신의 전제 조건으로 학습 윤리에 대해 설명하고자 한다. 특히, 본고는 오로지 교육공학 연구자의 관점에서 메타버스 활용 수업의 교수 · 학습적 맥락에서 기술되었다는 점에 한계가 있다. 본고를 통해 초 · 중학교에서의 메타버스 활용 수업에 대한 이해의 폭이 넓어지길 바라며, 수업 혁신의 핵심 기제로 메타버스 기술의 적절한 교수 · 학습적 활용을 위한 담론의 장(場)이 되었으면 한다.

---

1) 본 원고는 '이영태 외(2023, 2024). 학습자 중심의 학습 환경 제공을 위한 메타버스 활용 교수 · 학습방안 연구(Ⅰ, Ⅱ)'를 기반으로 수정 및 보완하였음.

Ⅰ. 메타버스 기반 수업 혁신, 교육 정책과 실재(實在)

1. 메타버스 기반 수업 혁신 관련 정책

교육은 변화하기 힘든 가장 '중세적인' 사회적 제도이다. 그런 교육이 최근 교수·학습 및 평가, 학습 환경 등 교육 전반에 걸쳐 변화와 혁신의 움직임이 활발하다. 그 가운데에서도 인공지능, 빅데이터, 사물인터넷(IoT), 확장현실(XR, eXtended Reality) 등 핵심적인 지능정보기술을 기반으로 디지털 교육혁신의 움직임이 두드러지고 있다.

정부 역시 지능정보기술의 급속한 발전에 따른 사회적 혁신에 발맞춰 대응하기 위해 다양한 방안들을 제시하고 있다. 과학기술정보통신부는 '메타버스(metaverse) 신산업 선도 전략'을 통해 개방형 메타버스 플랫폼 개발과 교육에 활용할 수 있는 메타버스 콘텐츠 개발 등을 지원하고 있으며(과학기술정보통신부, 2022), 교육부 또한 디지털 기반 교육혁신을 위한 주요 의제로서 디지털 중심의 패러다임 전환(Digital Transformation)을 다양하게 시도하고 있다. 교육부는 2022년 1월, '그린스마트 미래학교 2.0 추진 방안'을 통해 디지털 기반 맞춤형 개별 학습 공간의 구축과 디지털·AI 교육 환경에 맞는 교수·학습 평가 체제로의 전환 등을 제시하였고(교육부, 2022a), 이어 8월에는 '디지털 인재양성 종합방안'을 통해 디지털 신기술 신산업을 활용한 맞춤형 교육의 실현과 인공지능 기반 맞춤형 학습 시스템, 디지털교과서 및 콘텐츠(증강현실(AR), 가상현실(VR), 메타버스(Metaverse) 등)를 지속적으로 확대·보급하도록 하는 「디지털 교육 체제로의 전환 방안」을 제시하였다(교육부, 2022b). '2023년 교육부 주요 업무 추진계획'에서도 개별 맞춤형 교육 구현을 위한 디지털 기반 교육혁신 방안을 수립하고, 이와 관련된 AI 기반 코스웨어의 도입, 학습 데이터의 분석 결과를 활용한 최적화된 학습 지원, 디지털 신기술(AI, VR · AR 등)을 활용한 에듀테크 진흥 방안 수립, 에듀테크를 활용한 수업 방식의 혁신 방안 마련 등 메타버스와 직간접적으로 관련된 정책들을 추진하고 있다.

이러한 수업 혁신 방안은 디지털 기술을 일련의 교수 - 학습 - 평가 과정에 연계하여 모두를 위한 맞춤형 교육을 실현하고, 시공간의 한계를 극복하여 데이터 기반의 학습과학(learning science)을 적용하여 수준 높은 교육이 이루어질 수 있도록 하기 위한 것을 목적으로 한다(교육부, 2023). 디지털 기반 교육혁신을 유도하기 위해서는 개별 학습자의 학습 수준에 맞는 학습 콘텐츠 개발과 깊이 있는 학습 경험을 제공하기 위한 학습자 중심의 학습 환경 구축, 그리고 학생의 흥미와 몰입도를 제고하여 학생의 수업 참여를 보장하는 것이 필요하다. 또한 2022 개정 교육과정에서도 디지털 기반의 수업 혁신 방안을 확인할 수 있다. 2022 개정 교육과정이 확정 · 고시되면서 2024년부터 초등학교 1학년, 2학년부터 순차적으로 적용되었으며, 2025년에는 초등학교 3학년, 4학년, 중학교 1학년, 고등학교 1학년에 적용되며 2027년에는 초 · 중 · 고등학교 전 학년에 걸쳐 점증적으로 확대 적용될 예정이다(교육부, 2022a). 2022 개정 교육과정은 디지털 전환에 따른 미래 사회 변화에 대응하기 위한 2015 개정 교육과정에서 제시한 6개의 핵심 역량(자기관리 역량, 지식정보처리 역량, 창의적 사고 역량, 심미적 감성 역량, 협력적 소통 역량, 공동체 역량)을 정련하였고, 기초 소양(언어, 수리, 디지털 소양)을 제안하였다. 특히 2022 개정 교육과정은 AI 디지털 기반의 개별 맞춤형 수업과 평가를 통한 교실 수업의 변화를 강조하였다(교육부, 2022a). 2022 개정 교육과정은 AI 디지털 기반의 수업 혁신을 강조하면서 AI 디지털교과서의 도입을 적극적으로 추진하고 있다.

상술한 바와 같이, 정부는 디지털 전환에 맞춰 학교 교육의 변화를 유도하고 지능정보기술의 융합을 통해 새로운 유형의 학습 공간의 창출과 상호작용을 촉진하는 교수·학습 활동을 제공하기 위한 다양한 노력을 시도하고 있다.

그중에서 메타버스는 "가상과 현실이 융합된 공간에서 사람·사물이 상호작용을 하며, 경제·사회·문화적 가치를 산출하는 세계(플랫폼)(관계부처 합동, 2022)"로 정의하고 교육적 활용 방안에 대한 논의가 활발하게 이루어지고 있다. 그간 메타버스 활용 교육은 개인별 맞춤형 학습의 실현 가능성, 높은 수준의 몰입감과 효과적인 상호작용 제고의 측면에서 학교 교육의 혁신을 도모하기 위한 대안적 방법으로 연구되어 왔다. 메타버스 활용 교육은 지식 전달 중심의 전통적인 수업의 근간이 되는 교사 주도의 학습과 단선적인 교육과정 운영, 학습자의 개별적 특성을 반영하기 어려운 수업 설계 등 기존 학교 교육의 한계를 보완하여 새로운 학습 기회를 제공하고, 생동감 있는 상호작용을 촉진할 수 있는 대안적 방법으로 인식되고 있다(남창우·최효선·장선영, 2023); 임태형 외, 2021; 정유선·임태형·류지헌, 2021). 또한 메타버스 활용 교육은 다양한 교과 수업과 수준별 맞춤형 수업에 활용할 수 있으며, 생생하고 몰입감 있는 학습 및 학생 중심의 교육 환경을 제공하여 학생의 적극적인 학습 참여를 가능케 하고, 고위험 과제 실습이나 시뮬레이션을 안전하고 효율적으로 수행할 수 있어 학생들에게 보다 확장된 경험 가능성을 제공한다(조연직

· 신소영 · 박현진, 2022).

그러나 메타버스 활용 교육을 학교 현장에 정착시키려면, 다양한 기술적인 사항에 대한 지속적인 검증과 메타버스 활용 수업 실천을 위한 구체적 가이드라인이 필요하다. 학생의 특성, 교과 내용과의 적합성, 교원의 수업 설계 및 운영 역량, 테크놀로지의 특성 등을 고려한 콘텐츠를 개발하고, 학교 현장에서 필요한 인프라 수준 등 다양한 기준에서 사용성을 검증하는 등 교육의 효과성과 효율성, 매력성을 종합적으로 살펴볼 필요가 있다. 또한, 메타버스 활용 수업 과정에서 발생할 수 있는 윤리적 문제를 종합적으로 도출하고, 실제 이러한 문제가 발생할 경우 이를 해결할 수 있는 절차를 안내한 구체적인 가이드라인 제작이 병행될 필요가 있다.

2. 메타버스 활용 수업 프로그램 개발 사례

메타버스 기술의 급격한 부상은 교육적 활용에 대한 집중적 탐구로 이어졌다. 메타버스의 교육적 활용 가능성을 분석한 연구(이미경 · 이학준 · 권욱동, 2022)에서는 메타버스가 새로운 사회적 소통의 공간이자 창작과 공유를 가능하게 하는 높은 자유도를 제공함으로써 교수 · 학습에서 새로운 경험과 높은 몰입도를 제공할 수 있다고 하였다. 메타버스의 교육적 기대 효과를 분석한 연구에 따르면, 메타버스는 다양한 교과 수업, 수준별 맞춤형 수업에 활용 가능하며, 생생하고 몰입감 있는 학습과 학생이 중심이 되는 교육 환경에서 학생의 적극적인 참여가 가능하며, 고위험 과제 실습이나 시뮬레이션을 안전하고 효율적으로 할 수 있다는 측면에서 학생의 경험을 확장할 수 있는 가능성을 제공한다. 메타버스를 경험한 교육 분야 종사자들은 다양한 메타버스 플랫폼에서 구성원 간 상호작용과 몰입도, 실재감 등에 대해 긍정, 부정의 양면성을 복합적으로 인식하였으며, 사회적, 외형적, 환경적 실재감을 경험하였다(조연직 외, 2022). 메타버스 학습 환경에서 동료 아바타를 활용한 수업 환경과 교사 아바타를 통한 수업 방법 설계가 학습자의 학습 실재감과 시각적 주의 집중에 미치는 영향을 분석한 연구 결과, 메타버스 학습 환경에서 동료 아바타의 존재와 교사 아바타의 움직임은 학습 실재감을 높여 주며, 교사 아바타의 움직임은 공간감 지각에 긍정적인 영향을 미쳤고 동료 아바타는 사회적 실재감을 높이면서 시각적 주의 집중을 높이는 수업 환경을 조성하였다(양은별 · 류지헌, 2021).

이러한 메타버스 활용 교육의 활용 가능성과 학습 효과성을 제고하기 위해서 이영태 외(2024) 연구에서는 메타버스 활용 수업 프로그램 개발 방향을 [표 VI-1]과 같이 제시하였다.

[표 VI-1] 메타버스 활용 수업 프로그램 개발 방향

구분	메타버스 활용 수업 프로그램 개발 방향
효과적인 메타버스 활용 수업 유형 및 특징 반영	• 효과적인 메타버스 활용 수업 유형의 특징 및 교수 · 학습 활동 반영(학습관리시스템(LMS) 연계, 과제 공유, 협동 학습, 가상 경험 제공, 공동 교육과정 운영, 학업 수행 평가) - 메타버스 활용 수업에서 생성된 학습 활동에 대한 데이터를 수집 · 분석 · 측정할 수 있도록 학습관리시스템(LMS)과의 연계 - 메타버스 공간에서 협력적으로 과제를 수행하고, 학습자 간의 학습 결과물(학습 성과)을 공유하여 상호 피드백 제공 - 가상현실(VR), 증강현실(AR), 확장현실(XR), 등을 활용한 가상세계와 현실 세계를 연결하여 가상과 현실의 융합된 학습 경험 제공

구분	메타버스 활용 수업 프로그램 개발 방향
	- 가상 학습 환경을 제공하여 동시적인 수업을 진행하여 학교 간의 공동 교육과정 운영 - 학습자 스스로 학습 경로를 선택하여 학습에 대한 자유도를 높이고, 자기주도적으로 학습을 유도할 수 있는 기회 제공
메타버스 기술 적용	• 아바타, 가상공간, VR/AR 등 메타버스 기술의 특성을 반영하여 교과별 수업 효과성을 높일 수 있도록 메타버스 활용 수업 프로그램 개발 - 학습의 효과성을 높이기 위한 메타버스 학습 환경 구축 - 간접 경험 및 가상적 교수·학습을 할 수 있는 메타버스 학습 환경 구축 - 학습 동기 부여 및 몰입감 향상을 위한 메타버스 캐릭터 및 시나리오 개발 - VR/AR을 활용한 가상현실 제공
초·중학교 및 교과목 특성 반영	• 학습 대상인 초·중학교 학습자의 특성과 교육과정, 교육 목표, 학습내용, 교수·학습 및 평가 등 교과목의 특성을 반영한 메타버스 활용 수업 프로그램 개발 - 교과의 교육 목표 및 학습 목표 달성을 위한 가상적 체험 활동 설계 - 교과의 학습내용과 연계된 메타버스 교수·학습 활동 설계 - 교과의 학습내용에 맞는 메타버스 캐릭터 및 시나리오 설계
개인별 맞춤형 학습 실현	• 교수·학습 설계 및 학습 과정에서 맞춤형 학습을 실현할 수 있는 교수·학습 전략을 포함하여 메타버스 활용 수업 프로그램 개발 - 학습내용의 위계에 따른 단계별 메타버스 교수·학습 활동 설계 - 학습자 수준 및 특성에 따른 학습 자료 및 학습 활동 설계 - 학습자 수준 진단(예: 퀴즈 활용) 결과에 따른 맞춤형 학습 자료 제공 - 학습 경로의 다양화 추구 - 학습 보상(디지털 배지 등) 체제 구축 - 시나리오 기반의 메타버스 활동 설계 - 학습자 스스로 학습 자료를 개발하도록 유도하는 등 교수·학습 자료로 활용 가능하도록 설계 - AI를 활용한 학습 지원

구분	메타버스 활용 수업 프로그램 개발 방향
	- 학습관리시스템(LMS)을 활용한 메타버스 교수·학습 활동 관리
게이미피케이션 활용	• 교수·학습 활동에 대한 게이미피케이션을 통해서 학생의 학습 활동을 자율적으로 조정할 수 있도록 메타버스 활용 수업 프로그램 개발

이상에서 살펴본 메타버스 활용 수업 프로그램 개발 방향은 AI 디지털 기술을 활용한 수업의 교수·학습 설계를 어떻게 해야 하는지에 대한 가이드를 제공하고 있다. 또한 이영태 외(2024) 연구에서는 이러한 메타버스 활용 수업 프로그램 개발 방향에 근거한 역사, 영어, 수학, 심리·정서 등 교과별 메타버스 활용 수업 프로그램을 제시하고 있다.

먼저, 개발된 교과별 메타버스 활용 수업 프로그램은 각 교과의 교육과정에서 요구하는 핵심 역량을 함양할 수 있도록 개발되었다. 예컨대, 역사과의 경우 역사적 사실에 대한 이해 역량을 위해 메타버스 활용 수업에서는 메타버스 상에 역사적 사건을 웹툰의 형태로 제시하고, 관련된 역사적 시기의 사건을 학습활동으로 경험할 수 있도록 구현하여 역사적 사실에 대한 이해와 역사 자료 분석 및 해석 등에 대한 흥미와 몰입도를 제고하였다.

또한 메타버스 활용 수업은 메타버스 기술을 넘어 AI 디지털 기술을 접목시켜 기존의 교수·학습 한계를 극복하도록 개발되었다. AI 디지털 활용 교육은 서로 다른 환경 속에서 자란 다양한 수준의 학생들에게 맞춤형 교육을 제공하는 데 목적이 있다. 메타버스 활용 수업 역시 개별 맞춤형 학습을 실현하기 위해 메타버스 환경과 수준별 교수·학습 활동 제공, AI 보조교사를 활용한 맞춤형 상호작용 촉진 등 학습자 중심의 메타버스 학습 환경에 AI 디지털 학습 테크놀로지를 활용하여 개별 맞춤형 학습 체제를 구축하였다. 예컨대, 영어과 메타버스 활용 수업에서는 개별 학생의 학습 능력을 진단하여 학습자를 구분하고 각 수준에 맞는 학습 활동 자료를 제공하였다. 개별 학습 활동에서는 학생들이 진단 평가 결과에 따라 자신의 학습 수준에 맞게 제공되는 퀘스트를 수행하며 학습 과정에 학생의 요구에 따라 AI NPC의 지원을 받도록 설계하였다.

마지막으로 메타버스 활용 수업은 메타버스의 가상공간과 가상현실을 제공하여 시공간적 제약을 넘어선 학습의 효율성과 효과성을 극대화시키도록 개발되었다. 메타버스 가상공간을 통해 학교 간의 공동 교육과정을 운영하여 두 학교의 학습자 간 협력적 상호작용과 의사소통의 기회를 확대하거나 물리적 세계를 격리시키는 몰입경험(immersion experience)을 제공하여 광범위한 실제 세계를 경험하도록 하여 교과의 성취목표를 달성할 수 있도록 도와준다. 예컨대, 영어과 공동 교육과정 운영, 미술과 메타버스를 활용한 전시 기획 및 감상, 가상세계를 통한 스트레스 해소 방법 및 관리 능력 함양 등 심리·정서 지원 등의 프로그램을 개발하였다.

상술한 바, 메타버스 활용 수업은 학급 교실, 정해진 수업 시간이라는 시공간의 제약을 넘어 학생 주도의 자율적인 학습 활동을 가능하게 하고, 학습자의 수준과 특성을 고려한 학생 수준별·학생 맞춤형 교육을 실현하는 데 유리하다. 또한, 메타버스 활용 교과 수업 프로그램을 개발할 때, 수업의 효과성을 제고하기 위해서는 메타버스 공간을 가능한 학생에게 익숙하고 학생의 일상생활과 관련된 환경이나 학습내용과 관련된 스토리로 구성하는 방안을 고려해야 한다. 일례로, 방탈출 게임에서 학생들의 반응이 단순히 재미를 느끼는 정도를 넘어, 학습에 대한 몰입도를 높이고 문제해결 의지를 강화하는 데 긍정적인 영향을 주었으며 교과 내용을 기반으로 한 스토리와 맥락으로 교과 내용을 충분히 이해하였다고 평가하였다.

Ⅱ. 메타버스 활용 수업과의 공존(共存), 학습 윤리의 시작으로부터

'공존'(共存, coexistence)이라는 용어는 오늘날과 같이 다양한 영역에서 이질적인 요소들이 서로 부딪히며 예측이 불가한 방식으로 급변해 나가는 사회 질서 속에서 하나의 대안적 '윤리'로 자주 언급되곤 한다(곽덕주 · 이진호, 2024). 일례로 인간의 고유한 영역으로 여겨졌던 고차원적 인지 및 의사결정의 영역을 인공지능이 수행하며 기계가 인간을 대체하는 혁신적 혼돈의 상황에서 인간과 인간의 상호작용과 기계와 인간의 상호작용, 그리고 가상현실에서의 상호작용이 강조되고 있다. 이러한 인간과 기계, 인간과 가상현실 속의 인간과의 상호작용을 강조하는 디지털 기반의 교육으로의 진입에 기존 학습 환경에서 경험하지 못한 교수 · 학습 상황에 대응하는 윤리로서 '교육적 공존'의 개념을 상기할 필요가 있다.

본고에서는 곽덕주 · 이진호(2024)가 말하는 공동체 내에서의 존재론적 가치와 실천을 의미하는, 즉 '공동 - 내 - 존재'로서의 교육적 목적이나 방향의 의미와는 달리 교육적 공존은 교수 · 학습 과정에서 다양한 학습자, 교수자, 학습 환경 등과 관련된 이질적인 요소들이 조화롭게 상호작용하는 원리와 실천, 이론으로 정의할 수 있다. 이는 기존의 전통적인 교수·학습적 요소들과 다른 여러 요소가 함께 존재하는 것을 넘어서 서로 존중하고 협력하며 발전하는 교육적 관계를 형성하는 것을 목표로 한다.

이러한 교육적 공존의 핵심적 요소로서 학습자 간의 공존, 교수자와 학습자의 공존, 온라인 학습 환경과 오프라인 학습 환경의 공존 등을 살펴볼 필요가 있다. 먼저 학습자 간의 공존은 학습자의 개별적인 특성, 즉 인지적 특성(지적 능력, 학습 스타일, 학습 동기 등), 심리·정서적 특성(학습에 대한 불안, 자신감, 흥미, 자기 효능감 등), 신체적 특성 등을 존중하는 교육이 필요하다. 메타버스 활용 수업에서는 학습자의 자유도가 높아서 학습자 스스로 학습을 조절하며 자신의 특성을 고려한 학습 과정을 설계하는 경우가 많다. 이러한 메타버스 활용 수업 상황에서는 다양한 학습자 간의 이질적인 특성이 동시에 존재할 수 있으며 학습자 간의 공존을 위한 원리와 실천이 필요하다.

또한, 교수자와 학습자의 공존은 전통적인 교사 중심의 교육에서 벗어나 학습자와 교수자가 수직적 관계가 아닌 수평적인 관계로서의 상호작용을 위한 관계적 공존이 필요하다. 메타버스 활용 수업에서는 학습자 중심의 학습 환경을 제공하고 있어 학습자와 교수자의 역할이 기존 학습 환경과는 다르게 요구된다. 즉 메타버스 활용 수업에서의 학습 환경은 학습자 중심의 학습 환경을 제공하는 구성주의적 관점에서의 학습 환경을 제공한다는 측면에서 교수자는 학습자가 스스로 학습의 의미를 구성할 수 있도록 돕는 안내자이자 촉진자로서의 역할이 요구되며, 학습자는 학습의 주체자로서 학습 전략을 스스로 조절하고 사회적 상호작용을 통한 의미를 구성하는 역할을 수행해야 한다. 이러한 학습자와 교수자

간의 공존을 위한 원리와 실천이 필요하다.

마지막으로 온라인 학습 환경과 오프라인 학습 환경의 공존은 온라인 학습과 대면 학습을 조화롭게 결합하여 최적의 학습 효과를 제공할 수 있는 교수·학습 방법적 공존뿐만 아니라 디지털 격차로 인한 접근성의 차이를 해결하기 위한 학습 기회와 기술 지원을 균등하게 제공하는 디지털 공존이 필요하다. 메타버스 활용 수업의 효과성을 제고하기 위해서는 온라인 학습 환경에만 의존하지 않고 대면 학습을 병행해야 함을 감안할 때, 교수·학습 방법적인 전략과 기술이 필요하며 디지털 격차를 해소하기 위한 접근적 공존이 필요하다.

또한, 메타버스 활용 수업의 학습 윤리는 교육공학적 관점에서 살펴볼 필요가 있다. AECT(Association for Educational Communication & Technology)에서 패러다임의 전환과 사회·문화적 변화에 따른 교육공학의 역할을 고려하여 교육공학을 다음과 같이 정의하였다.

> Educational technology is the study and ethical practice of facilitating learning and improving performance by creating, using and managing appropriate technological processes and resources(8).[2)]

AECT의 2008년 정의에 따르면 교육공학(Educational Technology)은 적절한 기술공학적인 과정과 자원을 창조, 활용, 관리하여 학습을 촉진하고 수행을 증진시키기 위한 연구 및 윤리적 실천을 연구하는 학문 분야이다. 이러한 교육공학의 정의에 따르면, 교육에서의 적절한

2) AECT, 2008.

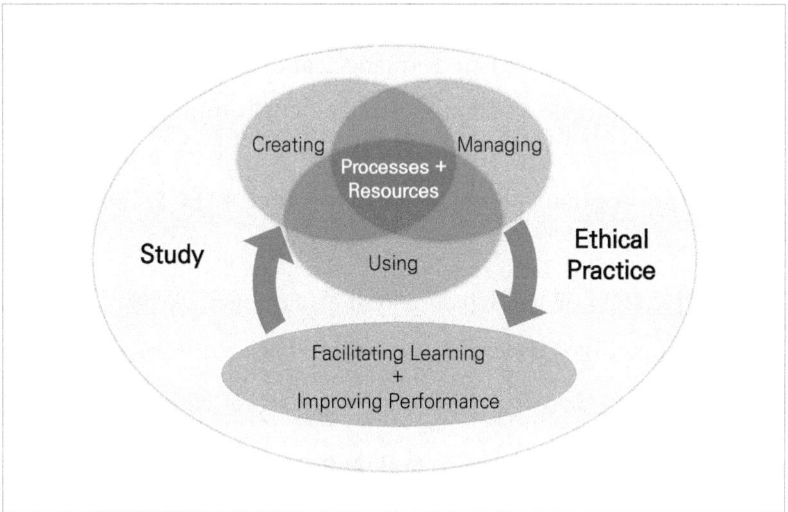

[그림 VI-1] 교육공학 정의에 대한 핵심 요소 및 관계

출처: Januszewski & Molenda (2008, p. 5). A visual summary of key elements of the current definition을 재구성함.

(appropriate) 기술공학적인 과정과 자원의 적용은 공정성과 접근성, 포용성을 보장하는 윤리적 원칙에 따라야 함을 강조하고 있다. 즉 적절한 에듀테크의 활용은 윤리적 실천(ethical practice)을 강조하면서 교수·학습 과정에서 윤리적 기준과 원칙에 기반을 두고 있어야 함을 의미한다. 아울러 교육공학이 학습자의 지식을 확장하고, 학습의 성과를 향상시키기 위해서 교수·학습과 관련된 전략적 설계, 관리, 실행 및 평가를 지원하는 과정과 자원의 활용에 있어 윤리적 실천을 전제하고 있음을 확인할 수 있다.

최근 AECT에서는 교육공학의 개념을 아래와 같이 재정의하였다.

Educational technology is the ethical study and application

> of theory, research, and practices to advance knowledge, improve learning and performance, and empower learners through strategic design, management, implementation, and evaluation of learning experiences and environments using appropriate processes and resources(AECT, 2023).[3)]

AECT의 2023년 교육공학(Educational Technology) 정의에 따르면 교육공학은 지식을 발전시키고, 학습과 성과를 향상시키며, 학습자의 역량을 강화하기 위해 이론, 연구 및 실천을 윤리적으로 연구하고 적용하는 학문으로 정의하면서 단순히 기술적 활용을 위한 요소로서의 윤리적 실천(ethical practice)을 넘어 이론, 연구, 실천 전반에 걸쳐 윤리적 적용(ethical study and application)을 강조하였음을 알 수 있다. 즉 우리 시대에 요구되는 교육공학은 이론, 연구, 설계, 관리, 적용, 평가 등 교수·학습 과정과 자원을 활용함에 있어 윤리적 적용이 핵심 원칙으로 자리 잡고 있다. 이처럼 학문적 관점에서 디지털·AI 시대의 윤리성은 이론, 연구, 실천을 포함한 전 과정에서 이루어져야 하며, 이를 통해 학습자의 권한(empower learners)을 강화하는 방향으로 나아가야 한다.

한편, 정부에서도 디지털·AI 시대에 맞춰 AI 기술의 개발 및 활용 방향을 논의하기 위한 윤리기준을 제시하고 있다. 과학기술정보통신부(2020)는 「인공지능(AI) 윤리기준」을 3대 기본원칙과 10대 핵심요건으로 제시하였다. 3대 기본원칙은 인간성을 위한 인공지능(AI for Humanity)을 위해 인공지능 개발에서 활용에 이르는 전 과정에서 고려해야 할 기준으로 인간 존엄성 원칙, 사회의 공공선 원칙, 기술의 합목적

3) https://www.aect.org/aect/about/aect-definition

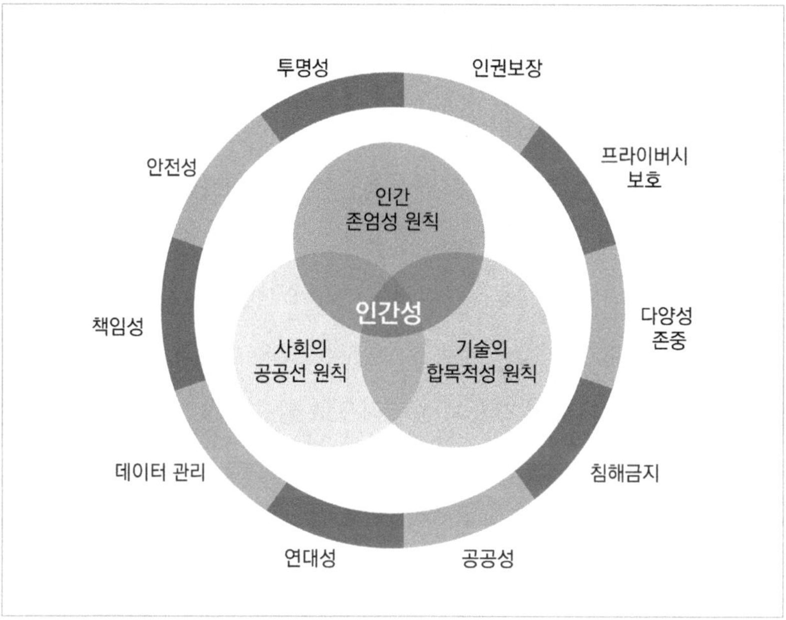

[그림 VI-2] 인공지능(AI) 윤리기준

출처: 과학기술정보통신부(2020). 인공지능(AI) 윤리기준

성 원칙 등을 제시하였다. 또한 3대 기본원칙을 실천하고 이행할 수 있도록 10대 핵심요건으로 인권보장, 프라이버시 보호, 다양성 존중, 침해금지, 공공성, 연대성, 데이터 관리, 책임성, 안전성, 투명성 등을 제시하였다. 이처럼 「인공지능(AI) 윤리기준」은 사람 중심의 인공지능 구현을 위해 지향되어야 할 인간성(Humanity)을 최고 가치로 설정하였다는 점에서 학습 윤리의 지향점과 가치를 연계하여 지속적으로 논의될 필요가 있다.

또한, 최근 교육부(2024)는 미래 사회를 살아갈 학생들의 주도성을 강화하고, 디지털 시대를 살아갈 아이들의 핵심 역량을 키워 주는 깊이 있는 학습이 구현되도록 교육이 변화해야 함을 밝히고 있다. 그러면서 「디지털 심화 시대의 교육이 지향하는 가치와 원칙에 대한 선언, 디지털 교육 규범」을 통해 인간과 디지털 기술이 공존하는 디지털 심화 시대로 진입함에 따라 교육 분야에서도 근본적인 변화가 필요하며, 교육에 특화된 디지털 시대의 가치와 원칙을 정립할 필요가 있음을 강조하고 있다(교육부, 2024). 「디지털 교육 규범」에서는 '디지털 교육'을 '학습자가 디지털 시대에 필요한 역량을 갖출 수 있도록 교육 내용과 방식이 변화하고, 그 과정에서 디지털 기술이 효과적으로 활용되는 교육'으로 정의하고, 교육이 지향하는 5개의 핵심 가치와 각각의 가치별 파생되는 세부 쟁점에 대한 기본 원칙을 제시하였다. 이 중에서도 디지털 기술 활용과 관련된 주요 쟁점들은 디지털 교육 기술의 공공성 확보, 디지털 교육 격차 완화, 안전한 디지털 교육 환경 조성, 디지털 위험 예방, 연령대에 맞는 디지털 기술 활용, 디지털 프라이버시 보호 등이다. 하지만 이 같은 디지털 시대의 가치와 원칙 정립의 중요성에 대한 강조에도 불구하고 디지털 세계에서 발생하는 윤리적 문제와 그에 대한 교육적 대처가 부족하다는 점이 지속적으로 언급되고 있는 것 또한 사실이다.

이러한 문제를 해결하기 위해서는 메타버스 활용 과정에서 발생할 수 있는 윤리적 문제를 종합적으로 도출하고, 실제 문제가 발생할 경우 이를 해결할 수 있는 가이드라인을 제작하여 보급하고 이를 지속적으로 업데이트할 필요가 있음을 강조하였다(이영태 외, 2023). 하지만 이 같은 디지털 기술이나 디지털 매체 활용에 관한 윤리적 문제해결과 교육적 실천을 위한 지향은 실제 교수·학습 상황에서 발생할 수 있는 비윤리적 학습자 행위를 제한하거나 관련 내용에 대해 학습자가 학습하게 할 수 있는 구체적 학습 윤리를 포함하지 못하고 있다는 한계가 있다.

따라서 메타버스 활용 수업의 다양한 문제점들을 개선하고 메타버스 등의 디지털 기기 등을 활용한 교수·학습에서 학생들이 책임감 있게 행동하게 하기 위한 학습 윤리를 구체적으로 마련하고 보급할 필요가 있다. 이에는 표절, 부정행위, 부정 출결, 학습자 상호 존중, 디지털 디바이스의 교수·학습에서의 사용 범위 및 사용 시간 제한 등의 내용을 포함한다. 이후에는 이와 같은 내용을 포함한 학습 윤리 온·오프라인 콘텐츠를 개발하여 보급하고, 교과교육에서는 이를 활용해 학습 윤리에 대한 오리엔테이션에 활용할 수 있게 해야 한다. 즉 메타버스를 활용하는 수업에서는 교육과정에 반드시 포함되어야 할 주제 중 하나로 학습 윤리를 다루어야 하며 디지털 환경에서의 윤리적 실천을 강조할 필요가 있다. 윤리적 실천을 디지털 교수·학습 상황에서 윤리적 판단을 하고 실제 행동으로 옮길 수 있는 역량으로 강화해야 한다. 또한 예비교사를 대상으로한 교육과정 전반에 걸쳐 디지털 학습 윤리에 관한 내용을 포함시켜야 할 필요가 있다(Ercegovac & Richardson, 2004). 동시에 메타버스나 AI와 같은 디지털 플랫폼을 활용한 학습 상황에서 학생들의 학습 윤리를 검증하기 위한 전문 인력 배치를 고려할 수 있으며, 교사들이 관련 내용을 숙지하고 교수·학습 상황에서 실천할 수 있도록 연수 프로그램을 구안하고 실행할 수 있어야 할 것이다.

Ⅲ. 학습 공존을 위한 새로운 표준, 학습 윤리 가이드라인

이 시대를 살아가는 우리에게 가장 필요한 것은 무엇일까? 윤리는 공존의 이유를 설명하기 위한 모든 사람에게 요구되는 가장 기본적인 가치이며, 인권, 문화, 다양성 등을 폭넓게 이해하고 실천하는 기본적인 행동적 규범이다. 이러한 의미에서 학습 윤리는 '학교는 왜 변해야 하는지', '학생은 무엇을 어떻게 배워야 하는지', '학교는 어떤 모습이어야 하는지'에 대해 필수적으로 포함되어야 하는 요소가 되며, 교육에 참여하는 모든 구성원에게 고려해야 하는 중요한 주제이다.

본고에서는 학습 공존을 위한 새로운 표준으로서의 학습 윤리 가이드라인을 학습자 윤리, 교수자 윤리, 학부모 윤리, 콘텐츠 윤리, 시스템(보안) 윤리, 데이터 윤리 등에 대해서 제시하고자 한다. 이러한 학습 윤리는 모든 교수·학습 과정에서 가장 기본적으로 보장되어야 하며 모든 학습자가 평등하고 공정하게 교육을 받을 권리를 전제로 하고 있다.

먼저 학습자 윤리는 학습자들이 공정한 학습 기회, 윤리적 지도를 받을 권리, 학습활동에 대한 책임 등에 대한 윤리로 학습에 대한 공정성 및 자율성 보장과 관련이 있다. 공정성은 학습자는 특정 학생에게만 디지털 학습 경험의 기회를 제공하는 것이 아닌 모든 학습자가 평등한 학습 기회를 제공 받도록 보장하는 것을 의미한다. 이를 위해서 학습자의 디지털 활용 능력이나 디지털 학습 환경에 대한 격차를 해소하고 누구나 평등하고 공정한 학습 기회를 누릴 수 있는 권리가 되어야 한다. 자율성은 학습자가 가상공간에서의 책임 있는 학습자 행동을 의미하며 아바타에 대한 적절한 행위, 부정 행위 및 디지털·AI 기술의 정직한 활용, 가상공간에서의 존중과 배려의 커뮤니케이션 등과 관련된 권리가 되어야 한다.

교수자 윤리는 공정하고 윤리적인 교수활동을 유지하기 위해 교수자의 역할과 관련이 있다. 학습 윤리 관점에서 교수자의 역할은 단순히 지식을 제공하는 역할이 아닌 디지털 학습 환경 관리자, 학습 촉진자, 디지털 교수 실행자로서의 역할을 의미한다. 이를 위해 교수자는 디지털 학습 환경 안에서 교수활동을 보장받아야 하며, 디지털 활용에 대한 교수자 간의 교수(instruction) 격차를 해소해야 한다. 또한 교수자는 공정한 학습 자료와 학습 경험을 학습자에게 제공하고, 교수·학습과 관련된 적절한 데이터의 수집과 활용을 통해서 공정한 학습 성과 평가를 유지해야 한다.

학부모 윤리는 디지털 활용 교육을 지원하는 과정에서 학부모로서의 윤리적 책임과 관련이 있다. 이를 위해 올바른 학습 자료에 대한 접근이나 프라이버시 존중 등 공정한 디지털 학습 환경을 조성할 수 있도록 지원해야 한다. 또한 자녀의 학습권을 침해하거나 학습활동을 대신하여 자녀의 학습 자율성을 방해하지 않도록 학부모로서의 태도가 요구되어야 한다.

콘텐츠 윤리는 디지털 활용 교육에서 학습의 질을 결정하는 중요한 요소로 정보의 신뢰성 및 정확성 유지, 저작권 보호, 학습자의 심리·정서적 안정성과 깊은 관련이 있다. 학습 콘텐츠는 허위 정보나 편향된 자료가 아닌 과학적 근거와 객관적 사실에 기반하여 개발되어야 하며, 정보의 신뢰성을 유지해야 한다. 예컨대, 역사적 사건을 가상 시뮬레이션으로 제공하면서 특정 정치적인 견해가 반영된 콘텐츠를 제공하여 왜곡된 역사적 이해와 역사 정보 활동 및 의사소통을 유도해서는 안

된다. 또한 AI가 생성한 콘텐츠 역시 교수자와 전문가의 검토 과정을 거쳐 콘텐츠의 신뢰성과 정확성을 확보해야 한다. 또한 콘텐츠는 폭력적이거나 불쾌한 요소(공포, 혐오, 불쾌감을 유발하는 콘텐츠)를 유발하지 않도록 학습자의 심리·정서적 안정성 및 윤리적 상호작용을 보장해야 하며, 무단으로 복제, 수정, 배포가 되지 않도록 저작권 보호 및 합법적인 콘텐츠 활용이 보장되어야 한다.

시스템(보안) 윤리는 디지털 학습 환경에서 다양한 보안 위협으로부터 학습 환경을 보호하여 안전한 학습 환경 유지 및 학습자의 개인정보를 보호하는 것과 관련이 있다. 학습자 개인정보(이름, 아이디 및 패스워드, 이메일, 연락처, 위치 정보, 생체 데이터, 학습 기록 데이터 등) 무단 수집, 제3자 공유, 외부 해킹, 불법 소프트웨어, 악성 코드 감염 등 외부로부터 안전하게 보호할 수 있도록 시스템이 구축되어야 한다. 또한 디지털 학습 환경에서 익명성을 이용한 사이버 괴롭힘(조롱, 허위 정보 유포, 협박, 혐오, 선정적 요소 등)이 발생하지 않도록 지속적인 모니터링과 학습자 간의 괴롭힘을 자동적으로 예방할 수 있는 학습 윤리 시스템의 구축이 전제되어야 한다.

데이터 윤리는 디지털 학습 환경에서는 교수·학습 과정에서 대량의 교수·학습 이력 데이터가 생성되고 개별 맞춤형 학습을 위한 학습 환경 개선에 중요한 역할을 한다. 이러한 교수·학습과 관련된 대량의 데이터는 윤리적 범주 안에서 투명하고 목적에 맞게 활용되어야 하며 철저하게 보호되어야 한다. 특히 데이터 윤리는 학습자, 교수자, 학부모, 시스템 개발자 등의 올바른 데이터 활용 인식이 필요하며, 디지털 학습 환경에서 가장 기본적으로 요구되는 실천적 역량으로 강조될 필요가 있다.

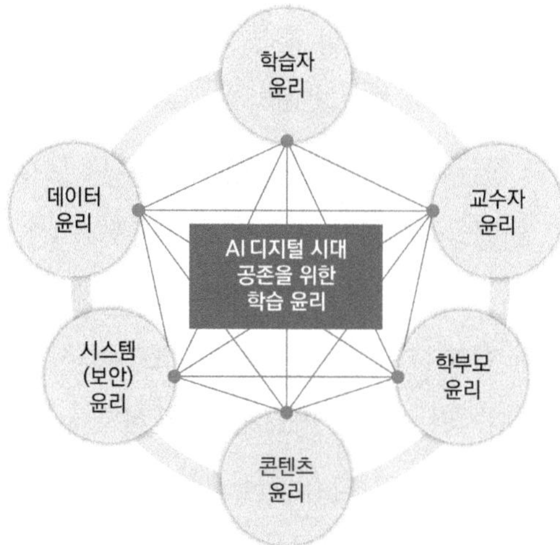

[그림 VI-3] AI 디지털 시대 공존을 위한 학습 윤리

상술한 바와 같이, 디지털 학습 환경에 요구되는 6가지 학습 윤리(학습자 윤리, 교수자 윤리, 학부모 윤리, 콘텐츠 윤리, 시스템(보안) 윤리, 데이터 윤리)는 독립적인 개념이 아닌 서로 연관된 상호 보완적인 개념으로서의 체제(system)[4]적 특성을 지닐 때 규범적이고 실천적 윤리로서 가치가 있다.

Ⅳ. 마무리하며 - 한 아이도 포기하지 않는 포용적 학습 윤리를 위한 제언

우리는 교수·학습 과정에서 학습 윤리에 대한 접근을 포괄적으로 다루어 왔다. 세계시민의 핵심 역량으로서의 사이버 윤리를 다루거나, 학

4) 체제는 구성 요소들 간에 상호작용하며 유기적인 관계를 강조하는 의미로 일정한 절차나 원리에 따른 단계적으로 조직화된 체계와는 다른 개념을 의미함.

문 연구에 있어서 연구자에게 요구되는 연구 윤리를 다루거나, 특정 학문 분야에서 요구되는 공학 윤리 혹은 의료 윤리를 다루었다. 이러한 윤리의 개념은 관점이나 적용되는 맥락에 따라 다소 차이가 있지만, 사회적·학문적으로 지속적으로 강조되어 왔다. 그러나 디지털·AI 시대에 요구되는 학습 윤리는 전통적인 교수·학습적 맥락에서 다루어지거나 테크놀로지의 교육적 활용 맥락에서의 주요한 의제(議題)를 담아내지 못하고 있다. 또한 학교 교육에 대한 혁신적 도전이 시도되는 시점에서 메타버스와 같은 디지털 기술은 빠르게 학교 현장에 도입되고 확산될 것이며, 이는 디지털 기반의 학습 혁신으로 목도하고 있다.

이러한 디지털 기반의 학습 혁신이 진행되는 과정에서 학습 윤리에 대한 개념적 확장과 윤리적 적용의 구체화가 전제되어야 한다. 학습 윤리는 교수·학습 과정에 있어서 그 시작, 과정, 결과 등 모든 면에서 적용된다. 이는 학습 윤리의 대상이 학습자, 교수자, 학부모, 시스템 및 콘텐츠 개발자 모두에게 요구되는 역량으로서의 접근이 필요하다. 또한, 학습 윤리는 학습을 향상시키기 위해서 발생하는 오류를 예방하고 줄이려는 시스템적 접근과 더불어 누구나 기본적으로 충족할 수 있는 최소한의 학습 윤리 역량으로 다루어질 수 있도록 교육과정적 접근이 필요하다.

마지막으로 디지털·AI 시대의 메타버스와 같은 디지털 활용 수업이 더 발전하기 위해서는 과학에 근거한 학습 윤리의 정착이 필수적으로 전제되어야 하며, 누구나 이해하고 수용할 수 있는 보편적 윤리에 기반하여야 한다. 특히 학습 격차의 해소와 모두를 위한 보편적인 실천적 윤리로서 다루어질 때 가치가 있다. 이를 위해 학습 윤리가 왜 필요하며, 모두를 위한 교육에서의 학습 윤리란 어떤 것인가에 대한 근본적인 차원에서의 성찰이 필요하다. 학교 교육에서 테크놀로지의 활용은 윤리적 실천을 전제로 진화될 때, 우리 교육이 지향하는 한 아이도 포기하지 않는 개별 맞춤형 학습이 실현될 것이다.

참고 문헌

과학기술정보통신부(2020). 과기정통부, 「인공지능(AI) 윤리기준」 마련. 과학기술정보통신부 보도자료(2020.12.23.)

과학기술정보통신부(2022). 디지털 신대륙, 메타버스로 도약하는 대한민국!. 보도자료.(2022.10.13.)

곽덕주 · 이진호(2024). 혁신과 공존의 교육학: 개념과 실천. 파주: 교육과학사.

관계부처 합동(2022). 메타버스 신산업 선도 전략. 과학기술정보통신부 보도자료.(2022.1.20.)

교육부(2022a). 2022 개정 교육과정 총론 해설 초등학교 교육부 고시 제2022-33호.

교육부(2022b). 수학과 교육과정. 교육부 고시 제2022-33호 [별책 8].

교육부(2023). 모두를 위한 맞춤 교육의 실현 디지털 기반 교육혁신 방안. 교육부 보도자료.(2023.2.23.)

교육부(2024). 디지털 심화 시대의 교육이 지향하는 가치와 원칙에 대한 선언 -디지털 교육 규범-. 교육부 보도자료.(2024.7.3.)

남창우 · 최효선 · 장선영(2023). 에듀테크를 활용한 초등 교육 현장에서의 교수-학습 개선 방안. 한국교육개발원 연구보고 CRR 2023-24.

양은별 · 류지헌(2021). 메타버스 학습 환경에서 동료와 교사 아바타가 학습실재감과 시각적 주의집중에 미치는 효과. 교육정보미디어연구, 27(4), 1629-1653.

이미경 · 이학준 · 권욱동(2022). 교육 현장에서의 메타버스 교육적 활용 가능성과 제한점: 특수교사와 일반교사의 인식을 중점으로. 특수교육저널: 이론과 실천, 23(2), 59-90.

이영태 · 김광규 · 김덕근 · 박상돈 · 박지선 · 오상철 · 정연준(2023). 학습자 중심의 학습 환경 제공을 위한 메타버스 활용 교수 학습 방안 연구(Ⅰ): 교수 학습 설계를 중심으로. 한국교육과정평가원 연구보고 RRI 2023-6.

이영태 · 김광규 · 박상돈 · 장경숙 · 정연준 · 홍원준(2024). 학습자 중심의 학습 환경 제공을 위한 메타버스 활용 교수 학습 방안 연구(Ⅱ): 메타버스 활용 교과별 수업 실행을 중심으로. 한국교육과정평가원 연구보고 RRI 2024-3.

임태형 · 양은별 · 김국현 · 류지헌(2021). 메타버스를 활용한 고등학생 진로체험 프로그램 사용자 경험 분석. 학습자중심교과교육연구, 21(15), 679-695.

정유선 · 임태형 · 류지헌(2021). 메타버스를 활용한 대학생 온라인 수업에서 공간이동 수준이 학습실재감과 흥미발달에 미치는 효과. 교육정보미디어연구, 27(3), 1167-1188.

조연직 · 신소영 · 박현진(2022). 메타버스를 경험한 교육 분야 종사자들의 인식 및 교육 분야에서의 활용 방안 탐색. 교육연구, 44(1), 33-53.

Ercegovac, Z., & Richardson, J. V. (2004). Academic dishonesty, plagiarism included, in the digital age: A literature review. *College & Research Libraries, 65*(4), 301-318.

Januszewski, A. & Molenda, M. (2008). Definition. En A. Januszewski& M. Molenda (Eds.), Educational technology: A definition with commentary. New York, NY: Lawrence Earlbaum Associates.

제7장

AI 디지털 교육의 윤리적 실천을 위한 지침

이은배

제7장

AI 디지털 교육의 윤리적 실천을 위한 지침

이은배

Ⅰ. 혼돈의 시대, 교육은 윤리적 실천이다

인공지능(AI)과 디지털 혁신이 산업 전반에 걸쳐 빠르게 확산되는 가운데, 교육 분야에서도 인공지능 디지털 교육에 대한 요구가 증가하고 있다. 지난 10년간 4차 산업혁명, 코로나19 팬데믹, 디지털 대전환, 생성형 AI 충격과 같은 굵직굵직한 산업계 화두가 있었다. 교육에 부여된 기능 중에 하나가 사회가 요구하는 역량을 갖춘 인재를 양성하는 것이기에 교육학 연구자와 실천가가 이런 산업계 화두에 부응하는 것은 필연적이다. 현재 인공지능을 잘 활용하는 디지털 인재를 양성하고 에듀테크를 활용하여 교수·학습의 효율과 효과를 높이는 데 대한 연구와 실천이 교육계 최대 사명이 된 듯하다. 하지만 불안하다. 인공지능과 디지털 교육이 과연 학생에게 좋은 것인지에 대한 불확실성 속에서 교사와 학생, 학부모, 행정가 등 교육 관계자는 AI 디지털 교육에 확신을 가지기 어렵다.

이런 어려움 속에서 실증에 기반한 안전하고, 효과적이고, 신뢰할 수 있는 AI 디지털 교육 실천을 위한 연구를 수행하여 공유하는 것이 교육학자의 사회적 책무이다. 특히, 교육공학적 관점에서 AI와 같은 교수·학습 도구를 활용할 때, 기본 원칙은 윤리적인 실천이다. 미국 교육공학회에서 2023년 개정하여 발표한 교육공학의 정의는 다음과 같다: "교육공학(Educational Technology)은 학습자에게 적합한 과정과 자원을 활용하여 학습 경험과 환경을 전략적으로 설계, 관리, 실행, 평가함으로써, 지식을 확장하고 학습과 수행을 향상시키며 학습자의 역량을 강화하기 위한 이론, 연구, 실천을 윤리적으로 탐구하고 적용하는 학문이다" (AECT, 2023). 교육공학이 지향하는 윤리적 실천에 대한 지침은 어두운 밤바다에 가야할 길을 비춰 주는 등대와 같다. 의학계의 최소 원칙은 "Do no harm"이다. 환자에게 신체적, 정신적, 경제적 해를 가하지 않는 것, 더 나아가 환자의 건강과 안위를 보전하는 것이 의료계가 할 일이라면, 학생의 발전과 안전한 성장을 지원하는 것이 교육계의 사명이며, 최소한으로 학생에게 위해를 가하지 않는 것이 기본이다. 지금과 같은 혼돈의 시기에 교육의 본질과 목적에 대한 성찰, AI 디지털 교육에 대한 당위성 정립, 윤리적 실천을 위한 지침을 제공하는 것이 교육공학자의 사회적 책무라 할 수 있다.

이전 장에서 인공지능을 활용한 맞춤형 교육의 윤리, AI 디지털교과서(AIDT) 활용에 대한 윤리적 이슈, 생성형 AI를 활용한 수업의 학습 윤리, 메타버스를 활용한 디지털 교육에서의 윤리적 실천, AI 디지털 교육에 대한 우려와 문제 제기가 공유되었다. 본고에서는 앞서 논의된 연구를 종합하여 교육 관계자에게 AI 디지털 교육의 윤리적 실천의 지침을 제공하고자 한다. 먼저, 앞 장들에서 반복되어 제기되는 교육의 목적과 가치, 사회가 요구하는 인재상을 종합하고, 맞춤형 교육, AIDT, 생성형 AI 활용 학습, 메타버스 상에서의 학습에서의 윤리적 실천을 위한 상세 지침을 제공한다. 이러한 지침이 학교 현장에서 학생을 가르치고 지도하는 교원과 미래의 교사를 양성하는 교원양성기관 관계자에게 유익한 정보가 되기를 기대한다.

Ⅱ. 기본으로 돌아가서, 교육의 가치와 목적

인간처럼 생각하고 행동하는 인공지능 로봇이 급격하게 발전하는 지금, 인간의 가치를 이해하고, 인간을 키우는 교육은 무엇인가에 대한 재고가 필요하다.

1. 교육의 가치와 목적에 대한 교육철학의 관점

교육철학의 여러 관점에서 교육의 가치와 목적을 살펴보면 다음과 같다. 진보주의(progressivism)는 교육의 목적을 삶의 경험을 통해 전인적 성장을 이루고 민주사회에 기여할 시민을 기르는 데 둔다고 본다(Dewey, 1916). 듀이(J. Dewey)는 교육을 삶의 지속적 성장 과정으로 보았고, 교육활동 자체에서 학습자와 함께 내재적 목적(ends - in - view)을 형성해 가는 것이 교육의 가치라고 주장하였다(박철홍·허경섭, 2005). 교육 활동에서 학습자 중심의 경험을 중시하며, 교사의 역할은 지식을 주입하기보다 학습자가 문제해결과 탐구를 통해 의미를 구성하도록 돕는 조력자로 본다. 요컨대 진보주의 관점에서 교육의 가치는 학습자의 경험을 풍부하게 하고 비판적 사고와 사회적 책임감을 함양하여, 개인과 사회의 발전을 도모하는 데 있다.

한편, 본질주의(essentialism)는 1930년대 윌리엄 배글리(W. Bagley) 등이 주창한 전통적 교육철학으로, 교육의 목적을 모든 학습자에게 공통적이며 본질적인 지식과 기능을 전달하는 데 둔다(Bagley, 1934). 본질주의에서는 학교 교육이 기본적인 학습 능력 함양과 품성 도야에 집중하고, 사회에 유용한 성인을 양성하며, 문화와 학문의 핵심 내용을 다음 세대에 계승하는 것을 중시해야 한다고 본다(김상길, 2012). 본질주의자들은 교육과정의 핵심을 읽기, 쓰기, 셈하기 등의 문해력과 객관적 지식 습득에 두며, 학생들에게 근면, 권위 존중, 규율 등의 가치를 가르쳐야 한다고 강조하였다(Bagley, 1939). 이러한 관점에서 교육의 본질은 현대 교육에서 강조하는 학습자 중심의 교육보다는 교사 중심의 엄격한 지도와 훈육을 통해 기초 학력과 도덕성을 기르는 과정이다.

현대 교육에서 많이 인용되고 있는 구성주의(constructivism)는 지식이 학습자에 의해 능동적으로 구성된다는 인식론에 기반한 학습이론이다. 구성주의는 교육의 목적을 학습자가 주어진 환경 속에서 타인과의 사회작용을 통해 의미를 만들어 가는 것으로 본다(Vygotsky, 1978). 객관주의 교육이 지식을 외부의 고정된 진리로 보고 이를 전달하는 데 초점을 맞추는 것과 달리, 구성주의에서는 학생 각자가 적합한 방식으로 지식을 재구성하도록 돕는 것이 교육의 핵심 목표이다. 이런 맥락에서 교육의 본질은 학습자가 기존 지식과 새로운 경험을 통합하면서 자기주도적으로 지식을 형성하는 과정이다. 구성주의 관점에서 교육의 가치는 학생이 단순 암기가 아닌 깊은 이해와 비판적 사고력, 창의적 문제해결력을 기르는 데 있으며, 학습자가 자신이 구성한 지식을 맥락에 적용하고 새로운 상황에 적응할 수 있는 능력을 함양하는 것이다. 결국 구성주의 철학에서는 교육을 통해 학습자들이 학습하는 방법을 배우고 평생 학습자로 성장하게 되는 것이 중요한 가치로 간주된다(강인애 외, 2006).

종합해 보면 각 철학적 관점에서 주창하는 교육의 방법은 다르지만, 교육의 목적은 개인의 성장과 사회의 발전을 기본으로 하고 있으며, 교육의 가치는 개인의 자아실현과 사회화, 문화의 계승, 사회가 필요로 하는 인재의 양성에 있다.

2. 교육의 가치와 목적에 대한 연구 동향

최근 국내외 교육학 연구에서도 교육의 목적과 가치에 대한 담론이 활발하며, 21세기 맥락에서 교육의 역할을 새롭게 정의하려는 시도가 이루어지고 있다. 교육철학자 거트 비에스타(G. Biesta)는 "좋은 교육이란 무엇인가"라는 질문을 제기하며, 교육의 세 가지 주요 기능으로 자격부여(qualification: 지식 · 기술 습득), 사회화(socialization: 사회적 규범과 가치의 내면화), 주체화(subjectification: 개인의 독립적 판단력과 정체성 형성)를 꼽는다(Biesta, 2009). 비에스타는 교육이 단순한 지식 전달이나 사회화에 치우쳐 개인의 주체적 성장을 간과해서는 안 되며, 좋은 교육은 이 세 가지 목적 간 균형을 이루어야 함을 강조했다. 이는 현대 교육이 학업 성취뿐 아니라 시민성과 인격 형성까지 포괄해야 함을 시사한다(Biesta, 2009). 교육이 지식 습득뿐 아니라 사고력, 문제해결력, 실천적 역량을 배양하며 개인의 자아실현과 사회 구성원의 협력과 공존을 동시에 지향해야 함을 의미한다.

최근 학술 연구에서는 미래사회에서 필요한 역량(비판적 사고, 창의성, 협업, 디지털리터러시 등)을 교육 목표로 설정하는 한편, 교육의 인간적·윤리적 본질—즉 개인의 행복, 정체성, 사회적 책임—을 재조명하는 연구들이 증가하고 있다(Perkins, 2014). 이러한 관점은 이후 글로벌 교육 목표 설정에 영향을 미쳐, 유네스코의 지속가능발전교육(ESD)이나 세계시민교육(GCED) 담론에서도 교육의 궁극적 가치로 지속가능한 발전, 인권, 평화 등이 강조되고 있다. 또한 OECD의 Education 2030 보고서에서도 학교 교육은 지식뿐 아니라 개인적 행복과 사회적 번영에 기여하는 웰빙(well-being)을 중요한 목표로 삼아야 한다고 권고하며, 이를 위해 감성역량, 협업능력, 가치교육의 중요성을 뒷받침하는 연구들이 국제 학술지에 다수 발표되고 있다.

예컨대, Cheng(2016)은 21세기 교육의 새로운 패러다임으로 글로벌 역량과 창의적 문제해결력 함양을 들며, 교육의 목적을 지식기반 경제에서의 혁신 인재 양성과 세계시민 의식 고취로 재정의하였다. 요약하면, 최근 연구 동향은 교육의 다원적 목적을 강조한다. 단순히 학업 성취나 취업 준비를 넘어 전인적 발전과 사회 발전에 기여하는 것을 교육의 가치로 보는 것이다. 이러한 전향적인 논의는 궁극적으로 교육을 통해 어떤 인간을 길러 낼 것인가라는 근본 질문으로 귀결되며, 이는 시대와 철학에 따라 다양하게 답변되고 있지만 삶의 질 향상과 사회 발전이라는 공통된 가치를 지향하고 있다.

3. 사회가 요구하는 인재 역량

교육의 주요 목적 중 하나는 사회가 필요로 하는 인재를 양성하여 공동체 발전에 기여하는 것이다. 국제기구와 교육기관에서 제시한 인재 역량을 살펴보면 다음과 같다. OECD Learning Compass 2030에서는 교육을 복잡하고 불확실한 미래를 항해할 수 있도록 돕는 나침반으로 비유하며 학생들이 인지 역량, 사회 감성적 역량, 자기주도성, 시민성을 갖출 것을 제안했다(OECD, 2018). UNESCO는 지속가능한 발전을 지향하고 세계시민을 양성하는 교육을 강조하며 체계적 사고력, 비판적 사고, 문제해결과 협력, 자기성찰과 윤리적 책임을 인재 역량으로 제시했다(UNESCO, 2017). 세계경제포럼(World Economic Forum)은 2020년 미래직업보고서에서 2025년까지 가장 수요가 높은 역량을 순서대로 분석적 사고와 혁신, 복합적 문제해결, 자기주도적 학습, 탄력성, 창의성, 감성 지능, 논리적 추론 및 분석, 리더십, 기술 활용과 설계를 꼽았다(세계경제포럼, 2020). 하버드대학교 프로젝트 제로에서 제시하는 21세기 역량 프레임워크에서는 "생각하는 사람"의 핵심 역량으로 비판적 · 창의적 사고, 협력, 자기이해와 관리, 윤리적 책임과 글로벌 시민성 함양을 제시한다(Perkins, 2014). 대한민국 교육부 2022 개정교육과정 총론에서는 미래사회 핵심 역량의 6대 영역으로 자기관리, 지식정보처리, 창의적 사고, 의사소통, 공동체, 심미적 감성 역량을 꼽고 있다. 특히, 지식정보처리 역량은 자료를 효과적으로 탐색하고 정보를 비판적으로 분석 · 활용하는 능력, 그리고 디지털 환경에 대한 이해와 활용 능력을 포함하며, 이는 인공지능을 활용하는 역량과 디지털기반 교육의 중요성을 강조한다.

그렇다면, 생성형 AI 충격 이후, 사회가 인간에게 요구하는 역량은 변화할까? 인간의 주요 역량을 지적, 정서적, 신체적 역량으로 구분할 때, 인간의 역량을 인공지능으로 대체하는 것이 가능할까? 2023년 이후 생성형 AI의 사용이 대중화되면서 인간의 지적 생산 활동에 AI가 빠르고, 유능한 비서 역할을 하고 있다. 인간의 신체적 한계를 극복하고 지적으로도 인간 못지않은 인공지능 로봇(휴머노이드 로봇)과 인간의 공존은 어떤 모습일까? 인간이 추구하는 정서적 교감이 지적 기능을 가진 인공지능 친구와는 이루어질 수 없을까? 영국 드라마 『휴먼스』(2018) 를 보면, 인공지능 상담사가 부부 위기 극복을 위한 심리 치료를 하고, 미국 영화 『Her』(2016)에서는 인공지능 운영체제와 깊은 정서적 교감을 나누기도 한다. 넷플릭스 시리즈 『Black Mirror』에서는 죽음을 앞둔 노인이 신체는 병상에 누워 있는 채로 정신은 젊은 시절로 돌아가 가장 행복했던 순간을 다시 살기도 한다. 이는 의식과 정서를 탑재한 인공지능의 등장이 아니라 현재 인공지능이 갖춘 지적 능력만으로도 정서를 가진 것처럼 인간에게 공감하고, 유머를 구사하고, 적절한 치유의 질문을 던지고, 위로의 말을 하도록 학습할 수 있다는 뜻이다.

인공지능과 공존하는 세상을 목전에 두고 있는 지금, 인간에 대한 의사소통, 창의적 사고, 문제해결력, 공동체, 심미적 감성에 대한 역량 요구는 여전히 유효할 것인가? 생성형 AI의 대중화로 인류 문명사의 전환기를 맞이하며 우리 사회가 인재에게 요구하는 역량에 대한 재검토와 재정립이 필요한 시기이다. 생성형 AI의 등장은 인공지능이 단순한 도구가 아닌 지적인 탐구를 위한 협업 대상이 될 것으로 예측하였다(조영환 외, 2023; 최숙영, 2024; 한정윤 외, 2023). 이지연은 '5장 학습 윤리 관점에서 바라보는 생성형 AI 활용 수업과 과제'에서 비판적 사고력, 창의성, AI와의 협업 능력을 함양하는 교육의 필요성을 피력하였다. 비슷하게, 최숙영(2024)은 생성형 AI 시대의 미래 인재를 위한 핵심 역량으로 생성형 AI 문해력을 강조하였다. 생성형 인공지능을 활용하여 문제를 해결하는 역량인 "생성형 AI 문해력"이 인재 핵심 역량으로 간주되는 것이다. 생성형 AI 문해력은 문제해결을 위한 적절한 질문을 통해 AI로부터 원하는 정보를 생성한 후, 그 생성된 정보에 대해 비판적 사고를 통해, 양질의 정보를 선별하고 이를 토대로 새로운 정보를 창출하는 능력으로 정의하고, 프롬프팅 기술에 국한하지 않고 문제에 대한 정확한 정의를 바탕으로 문제해결을 위해 적절한 도구를 선택하고 효과적으로 활용할 수 있는 능력을 포괄한다(최숙영, 2024).

최숙영(2024)은 생성형 AI시대의 미래 인재 핵심 역량 프레임워크를 다음 [그림 Ⅶ-1]과 같이 제안하였다. 인재 양성의 궁극적 목표는 "생성형 AI 기술을 이용하여 각자의 영역에서 창조와 혁신을 통해 인간의 삶을 풍요롭게 하는 것이다. 결국 AI 기술이 가져온 변화 속에서 더 정의롭고, 포용적이며, 안전하고, 지속가능한 미래를 만드는 것"으로 설정하였다(최숙영, 2024: 28). 이는 앞서 정리한 교육의 가치와 목적과도 일맥상통한다. 최숙영(2024)이 제안하는 인재 역량 프레임워크는 창의성, 비판적 사고, 협업 및 의사소통, 융합적 사고, 시스템 사고와 문제해결, 유연성 및 지속적 학습, 메타인지, 윤리적 판단과 책임감, 자기주도성 및 의사결정, 감성에서 생성형 AI를 유기적으로 연결하여 윤리적으로 활용하는 것을 포함한다. 특히, "AI의 한계와 오류의 가능성을 인지하고 그 내용이 논리적인지, 객관적인 근거가 있는지, 다른 출처와 일관성이 있는지 등, 정보의 품질과 신뢰성 등을 평가하고 판단"하는 비판적 사고 역량을 강조하였다(최숙영, 2024: 29).

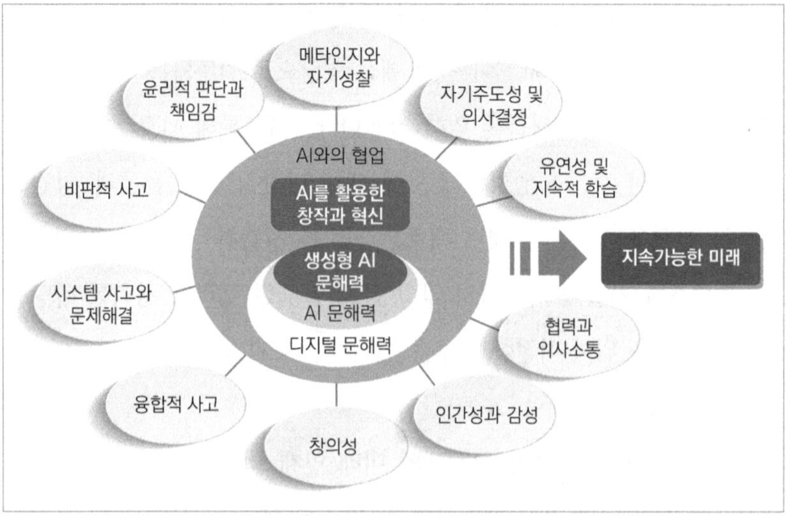

[그림 VII-1] 생성형 AI 시대 미래인재 핵심 역량 프레임워크(최숙영, 2024)

사회가 요구하는 인재 역량이 이렇다고 한다면 현 교육 장면에서 이루어지는 교육 활동과 도구 또한 이러한 역량을 함양하는 데 적합하면서도 윤리적으로 설계되고 적용되어야 한다. 본서에서 제시된 AI를 활용한 맞춤형 교육, AIDT와 메타버스를 활용한 수업, 생성형 AI를 활용한 학습이 효과적이면서도 윤리적으로 실천되고 있는지에 대한 비평과 지침은 추후에 제기한다.

Ⅲ. AI 개발과 교육적 활용의 윤리적 실천

국제기구와 국가 기관에서는 잇따라 인공지능 윤리 헌장을 발표하고 있다. 2019년 OECD는 인공지능 윤리 원칙을, European Commission은 인공지능 윤리 가이드라인을 발표하였다. UNESCO는 2021년 <인공지능(AI) 윤리에 관한 권고>를 발표하였다. 국가차원에서는 미국 백악관에서 2019년 발표한 인공지능에 관한 미국의 리더십 유지에 관한 행정 명령이 있다. 한국에서는 한국과학기술정보연구원에서 2020년 발표한 인공지능 윤리 원칙이 있다. 위의 인공지능 윤리에 대한 원칙을 종합해 보면 인간 중심성, 투명성 및 설명 가능성, 책임성, 공정성 및 비차별성, 안전성의 기준 영역을 세운 것을 알 수 있다. 다음 [표 Ⅶ-1]은 주요 국제기구와 국가 기관에서 발표한 인공지능 윤리 원칙을 종합하여 정리한 것이다.

[표 Ⅶ-1] 인공지능 윤리 원칙에 대한 종합 정리

영역	설명
인간 중심성	인공지능의 개발과 사용은 인간의 존엄성과 기본적인 권리, 복지를 최우선으로 고려하여 설계 및 개발되어야 한다
투명성	인공지능 시스템의 작동 원리와 결정 과정, 결과가 투명해야 하고, 사용자가 이해할 수 있도록 설명 가능해야 하며, 이로써 기술의 신뢰성을 높이고 공정성을 보장하고자 한다.
책임성	인공지능 시스템의 개발자와 운영자는 그 결과에 대해 명확한 책임을 져야 한다.
비차별성	인공지능은 모든 사람에게 공평하게 적용되어야 하며, 차별적인 결과를 초래하지 않도록 하여 사회적 불평등을 해소하고, 공정한 기술 발전을 유도해야 한다.
안전성	인공지능 시스템은 안전하고 신뢰할 수 있어야 하며, 잠재적인 위험을 미리 분석하고 예방책을 마련하여 사회에 미치는 부정적인 영향을 최소화해야 한다.

교육에서 추구하는 개인의 성장과 행복 추구, 공동체 기여 등의 가치는 인공지능 기술의 발전과 더불어 확대되어야 한다. 2020년, 정부는 '사람이 중심이 되는 인공지능(AI) 윤리기준'을 수립하였다. 이 기준은 인공지능이 지향해야 할 최고의 가치로 '인간성(humanity)'을 설정하고, 이를 구현하기 위한 세 가지 기본 원칙을 제시하였다: 첫째, 인간 존엄성 원칙; 둘째, 사회의 공공선 원칙; 셋째, 기술의 합목적성 원칙이다. 이러한 원칙들은 인공지능의 개발 및 교육에서의 활용 과정에서 인간 중심의 가치를 실현하기 위한 지침으로서 중요한 의미를 가진다.

인공지능 기술에 대한 윤리 원칙에서 보는 것처럼 인공지능 기술 개발과 사용이 인간을 이롭게 하리라는 신뢰를 바탕으로 혹여 초래될 부정적 결과에 대한 책임을 개발자와 운영자, 사용자에게 부과하고 있다. 본서에서는 인공지능과 디지털 기술을 교육에 활용하는 데 있어 인간 중심의 가치가 실현되기 위해 인간 존중, 책무성, 합목적성의 관점에서 윤리적 지침을 제시한다.

1. 인간을 이롭게 하는 인공지능

기술 중심의 발전이 가속화되는 상황에서 '인간 중심의 가치'는 반드시 고려되어야 할 핵심적인 원칙으로 강조되고 있다. 특히 인공지능이 인간의 사고와 판단, 관계성, 창의성 등 인간 고유의 특성과 역량을 대체하려는 것이 아니라 이를 보완하고 확장하는 도구가 되어야 한다는 점에서 인간성의 보존과 증진은 핵심적 가치로 간주된다. Floridi & Cowls(2022)는 인공지능이 사회적으로 받아들여지기 위해서는 인간의 존엄성, 자율성, 복지를 보호하고 증진하는 방향으로 개발되어야 한다고 강조하며, 이를 위해 '인간성 보장(human flourishing)'이라는 개념을 중심 원칙 중 하나로 제안한다. 인간중심 설계는 단순히 사용자 친화적인 인터페이스를 제공하는 것을 넘어서, 인간의 판단과 책임을 존중하고, 윤리적 맥락에서 기술을 설계하고 적용해야 함을 의미한다(Floridi & Cowls, 2022). UNESCO(2021) 역시 AI 윤리 권고안에서 인간 중심성을 핵심 원칙으로 제시하면서, AI는 인간의 권리, 정의, 다양성을 보장하고 기술이 인간을 수단화하지 않도록 감시와 통제의 원칙이 병행되어야 한다고 명시하였다.

교육 분야에서는 AI 디지털교과서, AI 기반 맞춤형 학습, 생성형 AI 활용, 메타버스 기반 디지털 수업 등 기술 중심의 교수-학습 환경이 빠르게 확대되고 있다. 그러나 이러한 디지털 전환 속에서도 교육의 본질이 인간 중심의 가치 위에 있어야 한다는 원칙이 더욱 강조되고 있다(박휴용, 2019; 임완철, 2024). 교육에서 '인간 중심'이란, 학습자의 존엄성과 자율성, 사회적 연대성, 그리고 전인적 성장을 중심에 두는 교육을 의미한다. 박보람(2023)은 인공지능 시대 교육이 나아가야 할 방향으로 기술에 대한 맹목적 수용이 아닌 인간성 회복과 가치 중심의 접근을 강조하며, AI 기술은 인간의 교육적 판단을 대체하는 것이 아니라 보완하고 확장하는 도구가 되어야 한다고 주장한다. 「교육분야 인공지능 윤리원칙」(교육부, 2022)은 '사람의 성장을 지원하는 인공지능'을 대원칙으로 삼고 있으며, "교육분야 인공지능은 사람의 전 생애에 걸쳐 전인적 성장을 최고 가치로 삼으며, 사람의 인격을 존중하고 개성을 중시하여 사람의 능력이 효과적으로 발휘될 수 있도록 제공되어야 한다"고 권고한다.

이는 AI 디지털 교육 현장에서 학습자와 교수자 모두가 인간중심의 가치를 실천해야 함을 시사한다. 예를 들어, AI 디지털교과서는 학습 진단, 피드백, 복습 기능 등에서 유용하지만, 학습자의 사고 과정을 단순화하거나 정답 중심의 학습으로 제한할 수 있다. 인간성의 가치는 정답이 아닌 해답을 찾아가고 성찰하는 능력에서 발현된다. 학습자가 스스로 탐구하고 선택하는 권한과 자기주도적 경험은 인공지능 시대에 더욱 강조된다. 학습자 중심의 수업과 학생의 주도성, 창의성, 비판적 사고 등 앞에서 열거한 핵심 역량을 기르는데 있어, 여전히 교수자의 교육과정 재구성, 학습자 중심 수업 설계는 AI 디지털교과서를 활용하는 데 통합되어야 한다.

또한 AI 기반 맞춤형 교육은 학습자의 특성과 성취 수준에 따라 최적화된 콘텐츠를 제공하지만, 기계화된 판단에 전적으로 의존하는 것은 위험할 수 있다. 교사는 AI의 분석 결과를 참고하되, 학습자의 정서, 맥락, 사회적 배경 등을 종합적으로 고려하여 교육적 판단의 주체로서의 역할을 유지해야 한다(박종향 · 신나민, 2017; 최민영 · 이태욱, 2019). 인간 교사는 학습자에게 공감, 격려, 윤리적 지도를 제공할 수 있는 존재로서, 기술로 대체할 수 없는 가치를 실현한다.

이영태는 '6장 초 · 중학교에서 메타버스 활용 수업 실행을 위한 학습 윤리에 대한 논의'에서 학습자 중심의 디지털 교육 환경 조성을 위한 공존을 강조하였다. 디지털 기반 교육혁신을 위해 이영태가 제안한 방법으로 개별 학습자의 수준에 맞는 콘텐츠 개발, 깊이 있는 학습 경험 제공, 학생의 흥미와 몰입도를 향상한 수업 참여를 보장하는 것이다. 학습자 중심의 학습 환경 구축의 가치 아래 메타버스 활용 교육은 개인별 학습의 실현, 풍부한 교육 맥락과 확장된 경험의 제공, 효과적인 상호작용과 몰입감 향상의 측면에서 혁신적 교육 방법으로서의 잠재성을 보여 주고 있다. 저자는 메타버스 활용 교육을 학교 현장에 정착시키기 위해 사용성, 효과성, 효율성, 매력성에 대한 지속적인 검증과 윤리적 실천을 위한 구체적 가이드라인의 필요성을 주장한다. 이는 인간성을 중심에 둔 접근이라 할 수 있다.

메타버스 활용 수업 개발 방향으로 교육과정에서 요구하는 핵심 역량의 함양, 초중등학교 교과목과 학습자의 특성을 반영한 설계, 메타버스의 특징적 기술을 활용하여 학습 동기와 성취 제고, 개인별 맞춤형 학습 전략 통합을 제시한다. 또한, 메타버스와 같은 기술이 교육에 도입되면서 "교육적 공존"의 가치 아래 서로 존중하고 협력하며 발전하는 교육적 관계를 형성할 것을 제안한다. 메타버스 환경 내에서 상호작용하는 학습자 간의 이질성과 개인의 자율성에 대한 존중, 개인적 의미를 구성하는 학습자와 그를 조력하는 교수자 간의 존중, 디지털 학습 환경과 접근성에 대한 존중의 세 가지 공존의 원리로 꼽았다.

메타버스 기반 수업은 현실의 공간적 제약을 넘어 몰입감과 유연성을 제공하지만, 학습자 간 정서적 상호작용이 미흡할 수 있다. 이를 보완하기 위해 교사는 가상공간에서도 소통, 협력, 배려, 책임감 등의 사회적 가치가 구현될 수 있도록 학습 활동을 설계해야 하며, 협력적 문제해결 과제를 부여하여 유의미한 상호작용과 협력학습이 이루어지도록 하고, 디지털 시민성이 존중되는 풍토를 조성해야 한다(최민영 · 이태욱, 2019). 더 나아가, ChatGPT 등 생성형 AI를 활용한 저작 활동에 있어 인간이 기계에 과의존하거나 학습자의 학문적 정직성과 성찰 역량을 약화시킬 위험도 있다. 이에 대해 이지연은 '5장 학습 윤리 관점에서 바라보는 생성형 AI 활용 수업과 과제'에서 학습자에게 출처 명시, 비판적 검토, 재구성 능력 등의 AI 활용 학습 윤리와 인공지능 문해력 교육을 강화할 것을 권고한다.

2. 목적에 맞는 인공지능과 디지털 기술의 교육적 활용

인공지능(AI)과 디지털 기술의 교육적 활용은 교육의 목적과 가치에 부합하는 방식으로 이루어져야 한다. 이를 위해서는 합목적성의 윤리적 기준을 준수하는 것이 필수적이다. 국내 AI 윤리 원칙에서 '기술의 합목적성'은 AI 기술이 인류의 삶에 필요한 도구로서의 목적과 의도에 부합되게 개발 및 활용되어야 함을 강조한다. 단순한 기술적 성과를 넘어, 인간 중심의 가치를 실현하는 도구로서 AI가 인간의 삶의 질을 향상시키고 사회 공공선을 증진하는 방향으로 개발 및 사용되어야 하며, 그 과정 또한 윤리적이어야 함을 의미한다. 교육에서 합목적성을 강조하는 것은 교육 활동과 기술의 활용이 설정된 학습 목표와 일치하며, 학습자의 전인적 성장과 사회적 요구에 부합하도록 하는 것을 의미한다. 따라서 AI와 디지털 기술을 교육에 도입할 때, 그 목적과 활용 방식이 교육의 본질적 가치와 일치하는지에 대한 심도 있는 논의가 필요하다. 앞 장에서 제시된 주제별로 기술 활용의 합목적성을 논의하고, 교사와 학생이 준수해야 할 윤리적 지침을 제시하고자 한다.

AI를 활용한 맞춤형 교육은 학습자의 개별 특성, 학습 수준, 속도, 선호도 등을 분석하여 개인화된 학습 경로를 제공하는 것을 목표로 한다.

이를 통해 학습자는 자신의 능력과 필요에 맞는 교육을 받아 학습 효율성과 성취도를 향상시킬 수 있다. 그러나 이러한 시스템이 교육의 본질적 목적을 충족하기 위해서는 교사와 학생이 다음과 같은 사항에 주의해야 한다. 교사는 학생의 데이터를 수집하고 활용할 때 그 목적과 범위를 명확히 설명하고 동의를 구하며, 맞춤형 교육이 지나치게 세분화되어 사회적 학습 기회를 제한하지 않도록 주의해야 한다. 학생은 맞춤형 교육 시스템을 수동적으로 받아들이기보다 적극적으로 참여하고 학습 성과를 높일 수 있도록 자신의 학습 데이터에 대한 피드백을 제공하며, 자신의 데이터가 어떻게 사용되는지 이해하고 필요시 개인정보 제공을 거부할 권리를 행사해야 한다.

AI 디지털교과서는 서책형 교과서에 학습 데이터 분석과 인공지능 튜터 기술을 접목하여 학습자에게 맞춤형 콘텐츠와 피드백을 제공한다. 이는 학습자의 참여도를 높이고, 학습 효과를 증진시킬 수 있다. 그러나 이러한 교과서의 활용이 교육의 목적에 부합하기 위해 교사는 AI 디지털교과서의 콘텐츠가 정확하고 편향되지 않았는지 검토해야 한다. 또한 창의성, 복합적 문제해결, 비판적 사고, 협업 등과 같은 고차원적 사고와 사회적 기술을 함양하는 교육 목적 달성을 위해 디지털교과서에 과도하게 의존하지 않고, 다양한 학습 활동과 교수법과의 균형을 유지해야 한다. 학생 또한 디지털교과서에서 제공하는 정보를 무비판적으로 수용하지 않고, 스스로 판단하고 평가하는 습관을 기르고 디지털 학습 환경 내에서의 에티켓을 준수하고 디지털 시민성을 함양해야 한다.

생성형 AI는 텍스트, 이미지, 음악 등 다양한 콘텐츠를 창출하는 기술로서, 학습자의 창의적 사고와 문제해결 역량 향상에 효과적으로 활용될 수 있다. 그러나 이러한 기술의 활용이 교육적 합목적성을 지니기 위해서는 교사와 학생 모두가 윤리적 지침을 준수해야 한다. 교사는 학생이 제출한 과제의 진위와 역량의 습득을 확인할 수 있는 명확한 평가 기준과 방법을 설정하여 AI로 생성된 콘텐츠와 학생의 실제 창작물을 구분해야 하며, 학생이 생성형 AI의 특성과 한계를 정확히 이해하고 윤리적으로 활용할 수 있도록 지도해야 한다. 학생 역시 생성형 AI를 과제 수행 과정에서 보조적 수단으로 사용하더라도, 자신만의 창의적 사고와 노력을 중심으로 과제를 완성하는 정직한 학습 태도를 유지해야 한다. 또한 학생이 생성형 AI를 활용한 콘텐츠를 제출할 때는 반드시 해당 사실을 명시하고 AI를 통해 창출한 부분의 출처를 구체적으로 밝혀야 한다.

메타버스 교육 환경은 시뮬레이션과 체험적 활동을 통해 학습자에 고유의 실습 기회를 제공할 수 있지만, 이러한 환경이 교육적 목적에 부합하기 위해서는 고려해야 할 윤리적 기준이 있다. 먼저, 메타버스 내에서 부적절한 콘텐츠 노출이나 비윤리적 행위가 발생하지 않도록 가상 환경과 사용자 활동을 모니터링하고 관리하는 체계를 갖추어야 한다. 또한, 모든 학습자가 기술적 장벽 없이 접근하고 참여할 수 있도록 필요한 지원과 대안이 제공되어야 한다.

3. 인공지능에게는 책임이 없다

한정윤은 "맞춤형 교육을 위한 AI의 활용에 따르는 윤리적 책임과 과제"에서 인공지능의 특성으로 자율성과 적응성을 언급한다. AI의 자율성은 복잡한 환경에서도 사용자의 지속적이고 명확한 개입 없이 스스로 과업을 수행하는 능력을 일컫는 것으로, 교수자나 교육 프로그램 개발자로부터 독립되어 판단하고 결과를 출력한다는 위험성을 안고 있다. 더불어, 인공지능의 적응성은 지속적으로 수집되는 데이터를 통해 사용자 요구에 능동적으로 반응하며 성능을 향상할 수 있는 능력을 뜻한다. 이러한 특성으로 인해 AI는 교수자나 학습자의 지속적인 개입 없이 학습 데이터를 분석하여 학습자의 패턴과 성취도를 실시간으로 파악하고 개별 학습자에게 맞춤형 콘텐츠와 학습 경로를 동적으로 조정함으로써 보다 개인화된 학습 경험을 제공할 수 있다(한정윤, 2025). 우리는 인공지능이 구현할 수 있는 기능뿐만 아니라 인공지능에게 결여된 기능에도 주의를 기울여야 한다.

인공지능에게 자율성과 적응성은 있지만 책임은 없다. 인간에게는 자율성이 주어진 만큼, 그에 대한 책무성도 주어진다. 앞 장에서 저자들은 공통적으로 “교육 활동의 중심은 인간”이라는 점을 상기하며, 궁극적인 책임의 주체 또한 인간임을 피력한다. 인공지능을 활용한 학습의 주체로서 학습자에게 주어진 자율성은 판단, 선택, 행위에 대한 주권(sovereignty)과 책무성(accountability)을 동시에 포함한다(Lee & Hannafin, 2016). 인공지능이 지능적인 기술이기는 하지만, 여전히 기술일 뿐이다. 인공지능 사용에 대한 판단, 선택, 행위 결과는 개발자와 사용자인 인간에게 있다.

인공지능을 개발하는 빅테크 기업인 OpenAI와 Google 등에서는 AI에 관한 윤리가 기술의 진보를 저해한다는 이유로 인공지능 관련 책무성 등의 윤리를 등한시하는 양태를 보였다. Google은 2020-21년 인공지능의 편향성 및 인종차별 관련한 문제를 제기하던 AI 윤리 팀장과 팀원을 연달아 해고하였다(박예신, 2021). 미국 물류 회사, 아마존 또한 2023년 디지털 콘텐츠의 안전성을 관리하고 AI 윤리를 책임지는 팀원들을 해고하거나 타부서로 이동하였다(이주영, 2023). OpenAI의 CEO인 샘 알트만이 2024년 해고당했다가 복귀한 것도 생성형 인공지능의 무분별한 개발과 안전성에 대한 내부 갈등에 기인한 것으로 알려졌다(Booth, 2024). 이처럼 인공지능 개발자가 윤리를 등한시하고 책임을 회피한다면, AI에 대한 안전성과 신뢰성, 책무성에 대한 보장은 누구의 몫이 되는가?

인공지능을 개발하는 빅테크 기업과 개발자에게 부여되는 윤리적 책임은 기술의 공공성과 신뢰성 확보에 있다. 개발자는 단지 기능적 알고리즘을 설계하는 기술자에 머무는 것이 아니라, 사회적·도덕적 결과에 대한 책임을 동반한 윤리적 행위자로서의 역할을 수행해야 한다(Floridi et al., 2018). 먼저, 개발자는 인공지능의 작동 방식이 이해 가능하고 설명 가능하도록 설계할 책임이 있으며, 예상치 못한 결과나 오류에 대한 명확한 책임 구조를 마련해야 한다(OECD, 2019). 인공지능의 판단이 사회적 영향을 미칠 경우, 해당 알고리즘이 어떻게 그러한 판단을 내렸는지를 사용자 및 이해관계자가 추적하고 검토할 수 있도록 투명하게 공개되어야 한다. 이는 개발자가 결과에 대한 도덕적 책임을 회피하지 않고, 사회적 통제 가능성을 보장하기 위한 기반을 형성한다(Binns, 2018).

다음으로, 인공지능 기술은 기업의 수익뿐만 아니라 사회 전체의 지속 가능성과 공공복지를 위한 도구로 활용되어야 한다. 빅테크 기업은 AI 기술의 상업적 활용이 사회적 가치와 충돌하지 않도록 조정하는 윤리적 책무를 지닌다. 특히 대규모 언어모델, 얼굴 인식, 감정 분석 등 민감 기술의 경우, 잠재적 악용 가능성을 고려한 위험 기반 접근이 필요하며,

자체적인 윤리 심의 체계와 기술 영향 평가가 이루어져야 한다(Floridi & Cowls, 2019). 더 나아가 개발자는 국제적 기준 및 법률 규범과 연계된 윤리 원칙을 따를 책무가 있다. 유럽연합의 신뢰할 수 있는 인공지능(Trustworthy AI) 가이드라인은 투명성, 책임성, 공정성, 사회적·환경적 복지 등을 아우르는 포괄적 윤리기준을 제시하며, 이에 부합하는 설계와 운용을 요구한다(European Commission, 2019). 이처럼 인공지능의 윤리적 설계는 개발자의 선택에 그치지 않고 제도적 책임 체계로 확대되고 있다.

인공지능 사용자에게도 책임이 있다. 사용자는 단순한 기술 소비자가 아니라, 기술의 영향력과 잠재적 결과를 인식하고 책임 있는 실천을 해야 할 주체이다. 최근 연구에서는 인공지능 사용자의 책임을 다음 세 가지 측면에서 강조한다. 첫째, 이해 기반 책임이다. 이는 사용자가 인공지능 시스템의 작동 원리, 한계, 잠재적 편향 등에 대한 충분한 이해를 바탕으로 기술을 활용해야 함을 의미한다. 사용자가 AI의 결정 과정을 무비판적으로 수용할 경우, 잘못된 판단이나 차별적 결과를 초래할 위험이 있기 때문이다(Binns, 2018). 둘째, 판단과 선택에 대한 책임이다. 인공지능이 제공하는 정보나 제안은 보조적 수단일 뿐, 최종적인 의사결정의 책임은 인간 사용자에게 있다. 특히 의료, 교육, 행정 등 사회적 영향력이 큰 분야에서 사용자는 인공지능의 판단을 비판적으로 수용하고, 윤리적·사회적 맥락을 고려한 최종 판단을 내려야 할 책임이 있다(Biesta, 2009; Floridi et al., 2018). 셋째, 사회적 책임이다. 인공지능의 사용은 종종 타인에게 영향을 미치므로, 사용자는 인공지능 기술을 사용함에 있어 타인의 권리, 프라이버시, 안전에 어떠한 영향을 미치는지 고려해야 한다. 이를 위해 사용자는 인공지능이 생성하거나 처리하는 데이터가 차별, 불공정, 위해, 프라이버시 침해를 야기하지 않도록 주의해야 한다(OECD, 2019; UNESCO, 2021). 요약하자면, 인공지능 사용자는 기술의 수용자일 뿐만 아니라, 윤리적 행위자(ethical agent)로서의 역할을 수행해야 한다. 이는 단순한 기술 활용 능력을 넘어서는 디지털 시민성과 윤리적 판단력의 함양을 필요로 한다. 따라서 인공지능의 공정하고 신뢰로운 활용을 위해서는 개발자뿐 아니라 사용자에 대한 책임의식을 고양하는 교육과 정책적 지원이 동반되어야 한다.

교육 현장에서 인공지능을 활용하는 교수자, 학습자, 행정가에게는 더 무거운 책임이 있다. 학교 현장에 적용되는 교육과정, 교수 · 학습방법, 창의적 체험활동 등은 반복적 연구를 통해 효과성과 안전성이 확보되어야 한다. 특히, 최근 논란이 되고 있는 AI 디지털교과서에 대한 우려의 목소리도 그 효과성, 안전성, 사용성에 대한 검증이 이루어지지 못한 채 정책적으로 도입됨에 기인한다(진표 · 이은배, 2024). 학생들에게 무엇이 필요하고 효과적인지 알지 못하는 것, 학생들에게 필요하고 좋은 것을 앎에도 실행하지 않는 것, 그런 시스템 내에서 안주하는 것은 교육관계자로서의 사회적 책임을 다하지 않는 것이다.

교수자와 정책결정자는 실증에 기반하여 의사결정을 할 책무가 있다. 그러기 위해서는 학교 교육에 대한 실증연구가 보다 활발하게 이루어져야 한다. 교사는 연구의 소비자이자 기여자로서 연구에 참여하여 안전성, 효과성, 효율성이 검증된 교육 방법을 활용하는 것이 필요하다. 학습자는 실험 대상이 아니며, 이미 효과가 검증된 안전한 도구와 방법을 통해 교육을 받을 권리가 있다. 예를 들어, 교수자는 AI 도구를 수업에 도입할 때, 그 효과와 한계에 대한 연구 결과를 참고하여 학습 활동을 계획하고 학생들에게 윤리적 사용 방법을 지도해야 한다. 정책결정자는 AI기반 교육 정책을 수립할 때, 선행 연구에 근거하여 기술의 이점과 위험을 균형 있게 고려하여 공정하고 포용적인 교육 환경을 조성해야 한다. AI 기술은 교육의 혁신을 촉진할 수 있지만, 그 혁신의 근거는 단순한 경험이나 이상에서 오는 것이 아니라 과학적 체계적 연구에 기인해야 하는 것이다.

Ⅳ. 교사와 교원양성기관을 위한 AI 디지털 교육의 윤리적 실천 지침과 제언

1. AI 디지털 교육의 윤리적 실천 지침

AI 디지털 교육이 인간 중심의 보편적 가치에 기반해야 함을 다시 한 번 강조하며 본 절에서는 AI와 디지털 기술을 활용한 교육에서 준수되어야 할 윤리적 원리와 구체적인 지침을 제시하고자 한다. 다음 [표 Ⅶ-2]는 AI 디지털 교육의 윤리적 실천을 위해 교육 현장에서 적용 가능한 원리와 지침을 정리한 것이다.

[표 Ⅶ-2] AI 디지털 교육의 윤리적 실천을 위한 원리와 지침

원리	지침
보편적·포용적 교육을 위한 윤리 확립	교사와 교육기관은 디지털 환경에서 누구도 배제되지 않도록 학습 격차를 줄이는 포용적 교육을 실천해야 한다. 특히 AI 기반 맞춤형 교육이나 메타버스와 같은 신기술을 활용할 때는 접근성과 기술 격차를 고려하여 모든 학습자가 기술의 혜택을 공평하게 경험할 수 있도록 적극적인 지원책을 마련해야 한다.

인간과 기술의 역할 균형 유지	AI와 디지털 기술은 교육 현장에서 교사와 학습자의 인간적 상호작용을 대체하지 않고 보조하는 수단으로 활용되어야 한다. 기술 중심의 교육이 학습자의 창의성, 비판적 사고, 협력과 같은 인간 고유의 역량을 저해하지 않도록 교사는 학습활동을 설계하고, 다양한 교수법을 병행하여 사회가 요구하는 인재 역량을 함양하도록 해야 한다. 학습자 역시 기술 활용 과정에서 자기주도성과 책임성을 가지고 능동적으로 참여해야 한다.
교수-학습 전 과정에서의 윤리적 책무성 강화	교사와 교육기관은 디지털 기술 활용의 전 과정에서 학습자의 권리와 존엄성, 개인정보보호, 안전을 최우선으로 고려해야 한다. AI 디지털교과서의 데이터 수집 및 활용 시 투명성을 유지하고, 학습자의 데이터를 목적 외로 사용하거나 오용하지 않도록 책임성을 확보해야 한다. 학습자는 디지털 기술이 제공하는 정보를 무비판적으로 수용하지 않고, 디지털 시민성을 갖춘 윤리적 행위자로 성장하여야 한다.
오류에 대한 예방 중심의 시스템 윤리 적용	교사와 교육기관은 AI 및 디지털 기술 활용에서 나타날 수 있는 편향성이나 오류 가능성을 사전에 파악하고 최소화하기 위한 시스템적 예방책을 마련해야 한다. 이를 위해 AI 시스템의 학습 알고리즘과 데이터를 투명하게 공개하고, 오류나 부작용 발생시 명확한 책임 소재를 규정하고 대응 방안을 구축해야 한다. 또한, 디지털 학습 시스템의 윤리 모니터링 체계를 구축하여 신뢰성을 확보해야 한다.
과학적 근거에 기반한 디지털 윤리 정착 교육	AI 디지털 교육은 교육학, 인지과학, 컴퓨터과학 등 다양한 분야의 과학적 연구 결과에 근거한 윤리적 기준을 적용하여 이루어져야 한다. 교육기관은 이러한 학문적 근거를 기반으로 한 구체적이고 실천 가능한 윤리적 가이드라인을 체계적으로 개발하고 교육 관계자에게 보급해야 한다. AI 디지털교과서나 생성형 AI, 메타버스를 활용할 때에도 교육적 효과성, 안전성, 윤리적 정당성의 기준을 충족하는지 주기적으로 평가하여 기술 활용의 합목적성을 유지해야 한다.

2. 교사와 교원양성기관을 위한 제언

급격한 사회 변화에 발맞추어 미래 인재를 양성하고 있는 현직교사와 미래의 교사를 양성하는 교원양성기관(교육대, 사범대, 교원대, 교육대학원, 학부 교직 등)의 AI 디지털 교육에서의 인간성, 책무성, 합목적성에 기반한 윤리적 실천을 위해 다음과 같이 제언한다.

첫째, AI 디지털 교육의 합목적성을 실현하기 위해 학습 목표 - 평가 설계 - 수업 - 평가 시행의 유기적 연계를 강조해야 한다. 수업설계에서 흔히 학습목표에 따라 먼저 학습 활동을 설계한 후에 평가하는 방식을 취한다. 이러한 방식은 평가에 대한 설계와 수행이 마지막에 이루어져 학습목표에 부합하는 평가에 있어 한계를 보인다. 딕과 캐리의 체제적 교수 설계에 따르면 학습목표의 성취를 정확하게 측정할 수 있는 평가 방법과 도구를 먼저 개발하고, 이 평가에서 좋은 성과를 낼 수 있도록 지원하는 학습 활동을 계획하고 그에 맞는 기술과 도구를 활용하는 체제적 연계가 필요하다(Dick et al., 2022). 체제적 교수 설계는 학습자 중심 학습, 학생 참여형 수업에도 적용될 수 있다(Reigeluth, 2013). 미래사회 요구를 파악하여 미래 역량을 설정하고 그 역량을 교육과정 및 학습목표와 연계하는 것이다. 학습목표가 중추가 되어 그에 합당한 과정중심평가, 역량중심평가, 학습을 위한 평가 방법과 도구를 설계하고 이에 대한 교사 연수, 실행, 성찰과 환류가 필요하다.

둘째, 현직교사 - 교원양성기관 교수 - 예비교사의 삼자 협력이 필요하다. 현장에서 학생들과 직접 만나는 교사 및 (교과)교육학 전문성과 연구력을 갖춘 교원양성기관 교수의 공동 연구를 통해 교수·학습 방법에 대한 안전성과 실효성을 검증하고 교육 가치를 실현해야 한다. 더불어, 예비교사도 연구 협력에 참여하여 예비교사의 현장이해를 증진하고, 현직교사와 예비교사의 교사 - 연구자로서의 전문성 강화, 현직교사 - 예비교사의 학습 공동체 형성을 통한 전문성을 강화할 수 있다. 현직교사 - 예비교사 - 교원양성기관 교수 간 삼자 협력으로 학교 현장에 실증기반의 혁신의 확산을 지원할 수 있을 것으로 기대한다.

셋째, 예비교원 양성에 참여하는 교육학 교수 공동체는 공유된 책임의식을 바탕으로 AI 디지털 교육의 윤리적 기준과 지침을 마련하고 이에 맞추어 예비교사 교육과정을 혁신하는 데 협력해야 한다. 특히, 교육철학, 교육공학, 교과교육, 교육행정, 상담심리 등 교육학의 다양한 분야 간 전문성의 연계를 통해, 교사 교육의 윤리적 기준을 세우고 AI 디지털 교육의 가치와 방법을 교육과정에 효과적으로 통합하는 방안을 모색해야 한다. 이러한 공동의 노력은 미래 교육의 방향과 구체적 실천 지침을 제공해야 할 지금, 보다 입체적이고 균형 잡힌 교사교육 환경을 만들어 가는 데 기여할 수 있다.

인공지능과 디지털 기술이 교육에 도입되면서 맞춤형 학습, AI 디지털 교과서, 생성형 AI, 메타버스와 같은 혁신적 도구들이 교수·학습 현장에서 활용되고 있다. 이러한 기술적 발전은 학습자의 개별적 특성을 반영한 효과적인 학습 지원과 새로운 학습 경험을 제공하는 긍정적 잠재력을 지니지만, 이를 성공적으로 실현하기 위해서는 교육의 본질적 목적과 윤리적 가치인 인간성, 책무성, 합목적성을 명확히 준수하는 것이 필수적이다. 이를 위해 교사와 학생, 학부모, 정책결정자, 기술 개발자 등 모든 교육 주체들이 윤리적 지침을 공유하고 각자의 책임과 역할을 명확히 이해하며 실천해야 한다. AI 디지털 기술의 활용은 어디까지나 인간의 웰빙과 사회 공공선을 확대하는 수단이 되어야 하며, 이를 위해 기술 활용의 투명성, 공정성, 안전성 등을 철저히 고려해야 한다. 윤리적 실천이 전제될 때, AI 디지털 기술은 교육의 목적과 가치를 실현하는 데 이바지할 수 있다.

참고문헌

강인애 · 최정임 · 장경원(2006). 구성주의 연구에 대한 회고와 전망: 국내, 외 연구동향 비교. *교육공학연구, 22*(4), 105-136.

김상길(2012). 현대교육철학의 관점에서 고찰한 한국교육현안의 쟁점들에 대한 교육계의 보수와 진보의 시각에 대한 연구. *교양교육연구, 6*(1), 179-210.

교육부(2022). 2022 개정 교육과정. 세종: 교육부.

박보람(2023). 인공지능 기반 교육에 대한 윤리적 성찰. 윤리교육연구, 70, 367-391. https://doi.org/10.18850/JEES.2023.70.12

박예신(2021년 2월 21일). 구글, 사내 AI 윤리팀 리더 해고··· '게브루 해고 사태' 이후 두 달 만. *CIO 코리아*. https://www.cio.com/article/3517352/CIO

박종향 · 신나민(2017). 인공지능기술과 인공지능교사에 대한 인식 분석: 초 · 중 · 고등학생의 관점에서. *한국교원교육연구, 34*(2), 169-192.

박철홍 · 허경섭(2005). 교육활동 속에서 형성되는 목적의 교육적 의미. *교육철학연구*, (34), 105-122.

박휴용(2019). 포스트휴먼 시대의 학교교육의 변화와 교사전문성의 방향. 교육철학연구, 41(2), 47-80.

이주영(2023년 4월 12일). 아마존, 트위치 안전 · AI 윤리 담당자 해고로 내부 우려 제기. *AI 타임즈*. https://www.aitimes.com/news/articleView.html?idxno=150490

임완철(2024) 인공지능기반 개인맞춤교육의 가능성과 과제에 대한 비판적 고찰 : AI 디지털교과서 정책 사례를 중심으로. 교육비평,(56), 178-224.

조영환 · 이지은 · 임규연 · 정한호 · 한인숙(2023). 생성형 AI 와 함께하는 미래교육: 기계에서 협력 파트너로. *교육공학연구, 39*(스페셜), 1449-1478.

진표 · 이은배(2024). 예비교원의 에듀테크활용 수업역량 및 AI 디지털교과서 역량이 AI 디지털교과서 사용 의도에 미치는 영향: 기술수용모델을 중심으로. *교육공학연구, 40*(3), 693-717.

최민영 · 이태욱(2019년 08월 08일). 인공지능 교육의 현황과 학교 및 교사의 역할 변화 예측. 한국컴퓨터교육학회 학술발표대회논문집, 경기.

최숙영(2024). 생성형 AI 시대의 미래 인재를 위한 핵심 역량 프레임워크와 교육 방안. *컴퓨터교육학회 논문지, 27*(9), 23-33.

한정윤(2023). AI 기반 맞춤형 교육의 현황과 과제(RR2023-12). 연구보고서, 한국교육개발원. 1-444.

AECT (2023). AECT Definition for Educational Technology. https://www.aect.org/aect/about/aect-definition

Bagley, W. C. (1934). Education and emergent man: A theory of education with particular application to public education in the United States. *(No Title).*

Bagley, W. C. (1939). The significance of the essentialist movement in educational theory. *The Classical Journal, 34*(6), 326-344.

Biesta, G. (2009). Good education in an age of measurement: On the need to reconnect with the question of purpose in education. *Educational Assessment, Evaluation and Accountability, 21*(1), 33-46.

Binns, R. (2018). Algorithmic accountability and public reason. *Philosophy &Technology, 31*(4), 543–556.

Bloom, B. S. (1981). All Our Children Learning - A Primer for Parents, Teachers, and Other Educators.

Booth, H. (2024.09.17). Why Sam Altman Is Leaving OpenAI's Safety Committee *Time.* https://time.com/7022026/sam-altman-safety-committee/

Cavaliere, J. A. (1997). The intrapreneurial skills of elementary school principals as related to the use of technological services in the classroom (Doctoral dissertation, University of La Verne).

Cheng, Y. C. (2016). Paradigm Shift in Higher Education: Learning, Internationalisation and Development. In: Zajda, J., Rust, V. (eds) Globalisation and Higher Education Reforms. Globalisation, Comparative Education and Policy Research, vol 15. Springer, Cham. https://doi.org/10.1007/978-3-319-28191-9_8

Daniels, U., Lindner. M., Sommer, S., Rauch, E. (2023). AICOMP- Future Skills in a World Increasingly Shaped By AI. *Ubiquity Proceedings, 3*(1): 230-239. https://doi.org/10.5334/uproc.91

Dewey, J. (1985). Democracy and education (1916). *The middle works, 9,* 4-58.

Dick, W., Carey, L., & Carey, J. O. (2022). The Systematic Design of Instruction (9th ed.). Upper Saddle River, NJ: Pearson.

Floridi, L., & Cowls, J. (2022). A unified framework of five principles for AI in society. In S. Carta (Ed.), *Machine learning and the city: Applications in architecture and urban design* (pp. 535-545). Wiley. https://doi.org/10.1002/9781119815075.ch45

Floridi, L., Cowls, J., Beltrametti, M. *et al.* AI4People - An Ethical Framework f or a Good AI Society: Opportunities, Risks, Principles, and Recommendations. *Minds &Machines* 28, 689-707 (2018). https://doi.org/10.1007/s11023-018-9482-5

Jarvela, S., Nguyen, A. & Hadwin, A. (2023). Human and artificial intelligen ce collaboration for socially shared regulation in learning. *British Journal of Educational Technology, 54*(5). 1057-1076. https://doi.org/10.1111/bjet.13325

Lee, E., & Hannafin, M. J. (2016). A design framework for enhancing engagement in student - centered learning: Own it, learn it, and share it. *Educational technology research and development*, *64*(4), 707-734. https://doi.org/10.1007/s11423-015-9422-5

OECD. (2018). OECD future of education and skills 2030: OECD learning compass 2030. A series of concept notes.

OECD. (2019). *OECD Principles on Artificial Intelligence.* https://www.oecd.org/en/publications/2019/06/what-are-the-oecd-principles-on-ai_f5a9a903.html

Perkins, D. (2014). *Future wise: Educating our children for a changing world.* John Wiley &Sons.

Reeves, T. (2006). Design research from a technology perspective. In Educational design research (pp. 64-78). Routledge.

Reigeluth, C. M. (2013). Instructional-design theories and models: A new paradigm of instructional theory, Volume II. Routledge.

UNESCO. (2021). *Recommendation on the Ethics of Artificial Intelligence.* https://unesdoc.unesco.org/ark:/48223/pf0000380455

Vygotsky, L. S. (1978). *Mind and society: The development of higher psychological processes.* Harvard University Press.

World Economic Forum (2020). *These are the top 10 job skills of tomorrow -and how long it takes to learn them.* https://www.weforum.org/agenda/2020/10/top-10-work-skills-of-tomorrow-how-long-it-takes-tolearn-them/

저자 소개

우정길 (Jeong-Gil Woo)

독일 유스투스-리비히 기센대학교 (Dr. Phil. 교육철학)
경희대학교 교육대학원 교수
한국교육철학학회 회장

[주요 논문 · 저역서] Lehren und Lernen mit Bildern(2008) Lernen und Kultur(2010) 마틴 부버의 교육강연집(2010) 포스트휴머니즘과 인간의 교육(2019) Phänomene der Bildung und Erziehung(2019) 비판적 실천을 위한 교육학(2019) 한나 아렌트와 교육의 지평(2020) Confucian Perspectives on Learning and Self-Tranformation(2020) 일제강점기, 저항과 계몽의 교육사상가들(2020) 포스트휴머니즘과 교육학(2021) 김정환의 민족과 종교와 교육(2021) 독일교육학의 전통과 갈래(2023) 전지전능 판타지와 교육의 길(2025)

이은배 (Eunbae Lee)

미국 조지아대학교 (Ph.D. 교육공학)
경희대학교 교육대학원 교수

[주요 논문 · 저역서] A design framework for enhancing engagement in student-centered learning: Own it, learn it, and share it(2016) 박물관 디지털 학습 설계를 위한 게이미피케이션 교수설계 모형 개발 연구(2020) 학습자중심 수업을 위한 교육방법 및 교육공학(2020) Roles of autonomous motivation, individualism, and instructor support in student-centered learning in South Korea and the United States(2021) Addressing the challenges of online and blended STEM learning with grounded design(2022) 인공지능의 교육적 활용을 위한 윤리 지침 개발(2023) Design-based research to develop design principles for collaborative learning in asynchronous distributed online groups(2025) Supporting student agency through student-centered learning across educational contexts(2025)

김형주 (Hyung Joo Kim)

대한민국 고려대학교 (Ph.D. 교육측정 · 평가)
한국청소년정책연구원 청년정책연구본부 선임연구위원
(前) 한국교육학술정보원 연구위원

[주요 논문 · 저역서] 디지털교과서 · 스마트교육 연구학교 대상 시계열 효과분석 연구(2014) 청소년 근로환경 개선을 위한 지원방안 연구(2019) 청년 사회 · 경제 실태 및 정책방안 연구(Ⅴ)(2020) 서울특별시 청소년시설 종합성과평가 평가지표 개선 연구(2020) 청소년 자살예방 교육프로그램 효과성 분석 연구(2021) 2020년 청소년 도박문제 실태조사(2021) 청년정책의 패러다임과 전략과제 연구(2022) 청년지원 패키지 사업화 방안 및 제도개선 연구(2022) 청년 빈곤 실태와 자립안전망 체계 구축방안 연구(Ⅲ)(2023) 청년의 결혼 및 출산 인식과 세대지향적 저출생 정책지원망 구축 연구(2024) 한 · 중 · 일 청년의 일과 직업에 대한 가치관 변화 분석(2024) 국제교류 활성화를 위한 한국형 Erasmus+ 모형 구축 방안 연구(2024)

이영태 (Youngtae Lee)

대한민국 서울대학교 (Ph.D. 교육공학)
한국교육과정평가원 부연구위원

[주요 논문 · 저역서] 학습지원 담당 교원의 전문성 향상을 위한 연수 프로그램 개발 방향 탐색(2022) 문해력 향상을 위한 책열매 낱말 학습 게임 사용성 평가 연구(2022) 대학 수업의 교수학습 질 제고를 위한 강의평가 문항 개발(2024) 문해력 지도 전문성 향상을 위한 교사 연수 프로그램 개발(2024) 학습자 중심의 학습 환경 제공을 위한 메타버스 활용 교수학습 방안 연구(2024, 2025)

이지연 (Ji-Yeon Lee)

미국 인디애나대학교 (Ph.D. 교육공학)
인하대학교 교육학과 교수
한국교육정보미디어학회 부회장
[주요 논문 · 저역서] 체제적 학교혁신을 위한 진단도구 개발 및 타당화 연구(2019) 코로나19 시대 온라인 수업의 도전과 과제(2020) 학습자중심 수업을 위한 교육방법 및 교육공학(2020) 비대면 온라인 수업에서 수업유형 및 운영방식에 따른 대학생의 수업만족도 차이 분석(2022) 예비교사의 미래교육 역량모델 개발 연구(2023) APEC 국제교육협력사업을 위한 교육정책가의 교육정보화 역량모델 개발 연구(2023) 공교육에서 '에듀테크 활용 맞춤형 학습'의 의미와 실행방안 탐색(2024) PST(Pedagogy-Space-Technology) 모형을 중심으로 살펴본 국내 학습환경 연구동향과 초등교실 공간 재구성 방향(2025)

한석훈 (Suk Hoon Han)

미국 시카고대학교 (Ph.D. 교육철학)
경희대학교 교육대학원 객원교수 및 인성교육센터장
서강대학교 강사
[주요 논문 · 저역서] 유진의 학교 – 동 · 서양 교육 이상의 만남(2009) 선생이란 무엇인가(2012) 교원양성 및 연수 과정에서 개인사적 성찰을 통한 교사 헌신도 제고 방안 모색(2015) 인성교육의 이론과 실제(2018) 죽음과 친해지는 삶 – 심층심리학습소설(2021) 융 심리학이 밝혀준 추억 속 만화의 비밀(2023)

한정윤 (Jeongyun Han)

대한민국 서울대학교 융합과학기술대학원 (Ph.D. 데이터과학)
서울시립대학교 교육대학원 교수
[주요 논문 · 저역서] Learning analytics dashboards for adaptive support in face-to-face collaborative argumentation(2020) Utilizing online learning data to design face-to-face activities in a flipped classroom: a case study of heterogeneous group formation(2020) AI-assistance for predictive maintenance of renewable energy systems(2021) AI기반 맞춤형 교육의 현황과 과제(2023) 챗GPT를 활용한 맞춤형 피드백 생성 및 효과 분석(2023) Deep learning framework with essential pre-processing techniques for improving mixed-gas concentration prediction(2023)

AI 디지털 교육의 윤리적 실천

초판발행 2025년 8월 15일

편저자 우정길 이은배
공저자 김형주 이영태 이지연 한석훈 한정윤
펴낸이 노 현

편 집 김용순
기획/마케팅 허승훈
표지디자인 권아린
제 작 고철민·김원표

펴낸곳 ㈜피와이메이트
서울특별시 금천구 가산디지털2로 53, 한라시그마밸리 210호(가산동)
등록 2014. 2. 12. 제2018-000080호

전 화 02)733-6771
f a x 02)736-4818
e-mail pys@pybook.co.kr
homepage www.pybook.co.kr

ISBN 979-11-7279-130-8 93370

정 가 17,000원

박영스토리는 박영사와 함께하는 브랜드입니다.